竹原健二・人間開発シリーズⅡ

子どもの開発と子どもの貧困

社会福祉研究者　竹原健二

JN226221

本の泉社

【目次】

1. はじめに …………………………………………………… 4
2. 児童家庭福祉の基本概念と法制度 ……………………… 8
   (1) 児童家庭福祉の基本概念／8
   (2) 児童家庭福祉の法制度／10
3. 人間（子ども）開発と児童家庭福祉 …………………… 13
   (1) はじめに／13
   (2) 人間（子ども）の欲求及び要求と児童家庭福祉の特徴／15
   (3) 人間（子ども）開発及び発達の児童家庭福祉学／21
   (4) センの福祉論／24
   (5) おわりに／27
4. 貧困の子どもの生活水準 ………………………………… 32
   (1) はじめに／32
   (2) 効用・基本財・ケイパビリティ・アプローチの特徴と問題点／33
   (3) ケイパビリティ・アプローチに基づく児童家庭福祉の課題／41
5. 子どもの貧困 ……………………………………………… 48
   (1) はじめに／48
   (2) 子どもの貧困の土台である親（労働者）の貧困の主要な社会的原因／50
   (3) 子どもの貧困問題の原因の克服（変革）策及び結果の緩和策／59

1．はじめに

　子どもの貧困政策及び児童家庭福祉・生活保護法自身の批判的検討は、一般的に行われており重要である。しかし子どもの貧困政策及び児童家庭福祉の本質の解明は、「法的（児童福祉法及び生活保護法―挿入、筆者）諸関係……、それ自身で理解されるものでもなければ、またいわゆる人間精神（子どもの貧困へのボランティアの精神、親の自己責任の精神、子どもへの愛の福祉精神、子どもの自立の精神等―挿入、筆者）の一般的発展から理解されるものでもなく、むしろ物質的な生活諸関係、そういう諸関係に根ざしている」（カール・マルクス【武田隆夫・その他訳】『経済学批判』岩波書店、1956年、12-13頁）ので、その本質解明は資本主義社会の生産様式（生産様式は、生産力と生産関係の統一である）との関連で解明されなければならない。つまり「従来の福祉（児童家庭福祉及び子どもの貧困政策―挿入、筆者）国家論は常に資本主義的生産関係を前提にしていた。あるいは福祉（児童家庭福祉及び子どもの貧困政策―挿入、筆者）国家は、生産関係とは無関係な人間（子ども―挿入、筆者）の権利に関する問題であるとされてきた」（聴濤弘著『マルクス主義と福祉国家』大月書店、2012年、148頁）。それ故、筆者は子どもの貧困政策及び児童家庭福祉を「人間（子ども―挿入、筆者）の権利（しかし「権利というのは、社会の経済的な形態、およびそれによって条件づけられる社会の文化の発展よりも高度ではありえないのである」〔マルクス／エンゲルス・後藤洋訳〕『ゴータ綱領批判』新日本出版社、30頁）に関する問題であること」を堅持し発展させていくと同時に、資本主義社会の生産様式との連関で子どもの貧困の批判的検討をしていくことが科学＝弁証法的唯物論及び史的唯物論（子どもの貧困政策及び児童家庭福祉観察や子どもの貧困政策及び児童家庭福祉実践・子どもの貧困政策

及び児童家庭福祉労働によって実証していく法則的・体系的知識）方法であると考えるし、しかもアソシエーション社会における子どもの貧困政策及び児童家庭福祉も展望している。そして従来の子どもの貧困政策論及び児童家庭福祉論は、科学方法論が欠けている為、子どもの貧困政策論及び児童福祉の本質を看過した現象論（子どもの貧困の原因を看過した結果論、社会福祉基礎構造改革後の児童家庭福祉に順応した児童家庭福祉論、児童家庭福祉の変容の解釈論及び児童家庭福祉のモデル論、実用的な児童家庭福祉実践論、歴史的かつ児童家庭福祉問題性を看過した単なる実証主義的な児童家庭福祉論、外国の児童家庭福祉の啓蒙論等）が多い。しかも「従来の福祉（児童家庭福祉及び子どもの貧困政策―挿入、筆者）観がどちらかというと財貨（生活手段―挿入、筆者）の側に視点を置いて平等な福祉（児童家庭福祉及び子どもの貧困政策―挿入、筆者）観を論じてきたのに対して、視点を180度転換して、人間（児童家庭福祉及び子どもの貧困政策利用の子ども―挿入、筆者）の側に移したのです。生存に必要なさまざまなモノ（子どもの貧困政策労働及び児童家庭福祉労働によるサービスそのモノあるいは子どもの貧困政策・児童福祉法・児童福祉手当制度・生活保護法の法制度そのモノの生活手段―挿入、筆者）は、人間（児童家庭福祉利用の子ども―挿入、筆者）にあたって不可欠なものであるが、そのモノ（子どもの貧困政策労働及び児童家庭福祉労働〔施設の建物モノや施設内で提供される食事等の児童家庭福祉労働手段も含む〕によるサービスそのモノあるいは子どもの貧困政策・児童福祉法・児童福祉手当制度・生活保護法の法制度そのモノの生活手段―挿入、筆者）の価値はそれを活用する人間（児童家庭福祉利用の子ども―挿入、筆者）の潜在能力によって可変的である。したがって、人間（子どもの貧困政策及び児童家庭福祉利用の子ども―挿入、筆者）生活の福祉を考える場合にはモノ（子どもの貧困政策労働及び児童家庭福祉労働によるサービスそのモノあるいは子どもの貧困政策・児童福祉法・児童手当制度・生活保護法の法制度そのモノの生活手段―挿入、筆

者）それ自体ではなく、それを活用して生きる人間（子どもの貧困政策及び児童家庭福祉利用の子ども―挿入、筆者）の潜在能力に視点を移して、その発展を考えなければならない。[2)]」「財貨（生活保護費、子どもの貧困政策及び児童家庭福祉による手当・サービス等―挿入、筆者）の支配は福祉（子どもの生活過程における健康で文化的な状態―挿入、筆者）という目的のための『手段』であって、それ自体として目的にはなり難い。」（アマルティア・セン〔鈴木興太郎訳〕『福祉の経済学』岩波書店、44頁）と明言する事ができるが、しかし筆者は人間（子どもの貧困政策及び児童家庭福祉利用の子ども）が生きていく為には衣食住（モノ）が絶対的に必要なので、子どもの貧困政策労働及び児童家庭福祉労働によるサービスそのモノあるいは子どもの貧困政策・児童福祉法・児童手当制度・生活保護法の法制度そのモノの生活手段と生活手段そのモノを使用して生きる人間（子どもの貧困政策及び児童家庭福祉利用の子ども）の生活活動（機能）の基盤である人間らしい健康で文化的な潜在能力（抽象的人間生活力＝人間が生活する際に支出する脳髄・神経・筋肉等を意味する・抽象的人間労働力＝人間が労働する際に支出する脳髄・神経・筋肉等を意味する）の維持・再生産・発達・発揮を統一的に捉えていく事が重要であると考える。また、野上裕生氏が指摘されているように、「ひと（子ども―挿入、筆者）が生きていることを実感できるのは、（生活手段の使用価値を活用して―挿入、筆者）日常の生活や社会活動を十分に行っている時の方が多い。そうすると、福祉を見るときには親の所得＝貨幣（生活手段―挿入、筆者）や余暇だけではなく、実際の人（子ども―挿入、筆者）の生活活動（機能）の状況を詳しく見た方がよい。しかし、日本語の『福祉』や『幸福』といった言葉はひと（子ども―挿入、筆者）の具体的な活動から離れた抽象的なものになりがちである。」（傍点、筆者【野上裕生「アマルティア・センへの招待」絵所秀樹紀・山崎孝治編『アマルティア・センの世界』晃洋書房、2004年、2頁】）つまり、「ひと（親及び子ども―挿入、筆者）は財や所得（資源）を使って生活上の

必要を充たし、健康を維持し、その結果、歓びや失望を経験する。だからひと（親及び子ども―挿入、筆者）の生活の良さを評価するには（親及び子どもの貧困問題及び児童福祉問題から克服していく状況を評価するには―挿入、筆者）、このような人（親及び子ども―挿入、筆者）の生活過程全般をきめ細かく見なければならない。」(野上、前掲書、2頁)

　さらに述べておきたい事は、親及び子どもの貧困及び児童家庭福祉の世界で「世を動かすほどの論争がまったくなくなってしまった。それぞれが自分の持ち場で紳士的にものをいい、『他流試合』をしなくなってしまった。これは一種の『知的頽廃』現象である。論争がなければ世の中は変わらない。……いま誰か一人が『正解』を持っているほど単純な世界ではない。意見はいろいろある。……意見を交換し論争も行い進歩に向けて大きな輪をつくっていくことが求められている。」(聴濤、前掲書、194-195頁)と言う言葉に感銘した。筆者のこの著書が論争の契機になれば望外の喜びである。

2. 児童家庭福祉の基本概念と法制度

　ここでは、3以降の人間（子ども）開発と子どもの貧困を容易に理解できるようにガイダンスを与えたい。

(1) 児童家庭福祉の基本概念 [1]

①生存権（Right to Maintaining Decent Living）
　憲法第25条第1項は、「すべて国民（子ども―挿入、筆者）は、健康で文化的な最低限度の生活（life of healthy, cultural minimum）を営む権利（right）を有する」と宣言（declaration）し、同2項はこれを実現すべき国の施策（state measures）を列記する。

②児童権利宣言（Declaration on the Rights of Children）
　1948年に採択された児童権利宣言は、前文と10か条の本文には、生存権（right to live）、教育権（right to education）、レクリェーション権（recreation right）、幸福追求権（happy pursuit right）などが規定された。

③児童の権利に関する条約（Convention on the Rights of the Child）
　1989年11月20日国連総会で満場一致で採択された子どもの人権を総合的に規定した国際条約（国際条約）である。この条約には、子どもの最善の利益、生命・生存の権利、子どもの意見表明（child's opinion expression）と市民的自由権（civil liberty right）、教育（education）・医療（medical treatment）・社会保障（social security）への権利、特別のケア（special caring）を受ける権利等が明記されている。

④児童憲章（The Children's Charter）
　児童憲章では、「児童（child）は人として尊ばれる。児童は、社会の一員として重んじられる。児童は、よい環境（environment）のなかで

育てられる。すべて児童は、適当な栄養（suitable nourishment）と住居（dwelling）と衣服（clothes）が与えられ、また、疾病（disease）と災害（disaster）からまもられる。すべて児童は、教育を受ける機会（educational opportunity）が失われず、……適切な治療（proper treatment）と教育と保護（safeguard）が与えられる。」こと等が明記されている。

⑤発達権（Development Right）
「発達権」とは、人間として豊かな成長（rich growth）・発達する権利（right to develop）のことであり、知識（knowledge）・感情（feelings）・意思（intention）の発達に寄与する形成的環境（formed environment）を請求する権利（request right to work）である。

⑥児童指導員（Child Guidance Worker）
　児童養護施設（children's care institution）等で児童を指導する福祉専門職員（welfare profession member）のことである。この福祉専門職員は、保育士（nursery teacher）や医療職（medical treatment employment）と連携（cooperation）して児童の生活全般（child's all aspects of life）にわたるケアの中心的な役割を果たしている。

⑥児童自立支援専門員（Child independence Support Specialty Member）
　児童自立支援施設（child independence support facilities）において子どもの直接処遇（direct treatment）に携わる職員の職名の一つ。同様に直接処遇に携わる職員に児童生活支援員（child life support member）がいる。

⑦エンパワメント（Empowerment）
　エンパワメントとは、問題を抱えた子ども自身が自己決定（self-decision）と問題解決能力（problem-solving ability）をつけていくことを意味する。

⑧機能（Functioning）
　機能とは、子どもが生活手段（means of living）とその特性（characteristic）を用いて成就（accomplishment）しうること及びなりうることである。

⑨**潜在能力（Capability）**

　潜在能力とは、子どもがどのような機能を実現できるか、その選択肢（alternative）のひろがりを示すことによって実質的な自由（substantial liberty）を表現しようとする概念である。それは資源（resources）や財（fortune）、機会（occasion）を貧困克服（poor overcoming）に変換する能力（converted ability）である。

⑩**貧困（Poverty）**

　貧困とは、生活手段＝means of living（所得等）の不足（shortfall）・欠如（lack）と生活手段の不足・欠如から関係派生的に生成してきた人間（子ども）の潜在能力＝capability（抽象的人間生活力＝abstract man life power【人間が生活する際に支出する脳髄＝brain・筋肉＝muscle・神経＝nerve・感官＝sensory organ 等を意味する】・抽象的人間労働力＝abstract man labor force【人間が労働する際に支出する脳髄・筋肉・神経・感官等を意味する】）の維持（maintenance）・再生産（reproduction）・発達（development）・発揮（exercise）の阻害（obstruction）である。

（2）児童家庭福祉の法制度

①児童福祉法に基づく施策[2]（Measure Based on Child Welfare Law）

　まず児童の健全育成施策（the child's health promotion measure）として、ア、地域組織活動＝regional organization activity（子ども会などの児童の集団活動と、母親クラブ、親の会などの親による児童の育成活動がある）、イ、児童厚生施設＝child recreational facility（児童館＝children's hall は、児童の健康＝child's health を増進し、情操＝sentiment を豊かにするとともに、母親クラブ及び子ども会などの地域組織活動の育成助長を図るなど、児童の健全育成＝に関する総合的な機能を有するものである。）がある。母子家庭の母親（mother of fatherless family）の就業支援策は、就業相談（consultation of starting work）・就職支援（finding employment support）、職業能力開発（occupational skills development）、雇用（employment）・就業機会の確保（securing of job opportunity）などが行われている。児童手当（children allowance）は、当初、目的は多子貧困世帯の予防（prevention of multi child poverty-stricken families）であったが、子ども数が減った現在では第一子から支給されている。児童扶養手当（child rearing allowance）は、父と生計を同じくしていない児童が育成されている家庭の生活の安定（stability of life at home）と自立の促進（promotion of independence）のために支給されている。

②**生活保護**[3]　**（Public Assistance）**

ア、生活保護の目的は、生活保護法第1条において、「憲法第25条に規定する理念に基づき、国が生活に困窮するすべての国民に対し、その困窮の程度に応じ、必要な保護を行い、その最低限度の生活（life of minimum）を保障するとともに、その自立を助長することを目的とする」として、所得保障（income security）とともに要保護者の自立支援（independence support of the guardian necessary）を目的としている。このため生活保護の扶助（assistance of public assistance）は、現金給付による所得保障（income security by cash benefit）を行うものと現物給付による医療サービス（medical service by benefit in kind）や福祉サービス保障（welfare service security）を行うものが含まれる。イ、生活保護の原理（principle of public assistance）は、国家責任の原理＝principle of responsibility of the state（生活に困窮する国民を救助する責任は公にあるとする公的救助義務主義＝public rescue duty principle にのっとり、要保護者の保護を国家の責任において、公費をもって行うことを明確にする原理である）、無差別平等の原理＝principle of equal indiscrimination（すべての国民はこの法律の要件を満たす限り、性別、門地、社会的身分などはもとより、貧困に陥った理

由によっても差別されることなく、この法律による保護を受けられるとする原理である）、最低生活の原理＝ principle of minimum standard of living（この法律により保障される最低限度の生活は、単なる生理的生存水準ではなく、憲法が保障する健康で文化的な最低限度の生活水準を維持するものでなければならないとする原理である）、保護の補足性原理＝ supplementary principle of safeguard（保護は、要保護者が最低生活を維持するために、利用しうる資産や能力を活用するなど、最善の努力を行うことを要件として、その不足分を補足する程度で行うという原理である）がある。ウ、生活保護実施上の原則（principle on public assistance implementation）は、申請保護の原則＝ principle of motion safeguard（保護は、要保護者及びその扶養義務者またはその同居する親族の申請に基づいて開始することを原則としている）、基準及び程度の原則＝ principle of basis and level（保護は、厚生労働大臣が定める基準によって測定した需要に基づき、そのうち要保護者の所持金等では満たす事のできない不足分を補う程度で行うことを原則としている）、必要即応の原則＝ principle of necessary conformity（保護は、要保護者の年齢、性、健康状態など、その個人または世帯の実際の必要の相違を考慮して有効適切に行うことを原則としている）、世帯単位の原則＝ principle of family unit（保護は、世帯を単位としてその要否や程度を決めることを原則としている）がある。

【注】
1) 社会福祉辞典編集委員会編『社会福祉辞典』大月書店、2002年。
2) 一般財団法人厚生労働統計協会編『国民の福祉と介護の動向・厚生の指標』増刊・第64巻第10号、2017年。
3) 事典刊行委員会編『社会保障・社会福祉大事典』旬報社、2004年。

3. 人間（子ども）開発と児童家庭福祉

（1）はじめに

　今日、人間（子ども）が生きている限り続けていかなければならない人間（子ども）開発（社会福祉における人間開発の事業というのは、社会福祉を合法則的に発展させる事を通じて実現されるものである。その為には、社会福祉の法則性を洞察し、社会福祉を科学的に把握する事が重要である）＝潜在能力の発達・発揮（人間【子ども】の能動的・創造的活動〔例えば、作文を作る事〕と受動的・享受的活動〔例えば、作文の良さを評価する事〕の生活活動【機能】の基盤であるケイパビリティ〔capability「潜在能力＝抽象的人間生活力＝人間〔子ども〕が生活の際に支出する脳髄・神経・筋肉等を意味する・抽象的人間労働力＝人間〔子ども〕が労働の際に支出する脳髄・神経・筋肉等を意味する」の発達・発揮を図っていく事）の研究が、国連開発計画[1]など国連機関の場で提起され、これが21世紀に向けての児童家庭福祉の新しい理念となりつつある。そして、児童福祉・児童手当・生活保護利用の子どもの人間開発（潜在能力の維持・再生産・発達・発揮）によって、児童家庭福祉・児童手当・生活保護利用の子どもが児童福祉労働（施設の建物や施設内で提供される食事等の児童家庭福祉労働手段も含む）を能動的・創造的かつ受動的に享受し、人間らしい健康で文化的な生活（人間らしい健康で文化的な生活活動〔機能〕の基盤である潜在能力〔抽象的人間生活力・抽象的人間労働力〕の維持・再生産・発達・発揮の成就の享受を向上させていく（児童家庭福祉利用の子どもが児童家庭福祉労働の享受の使用価値を高めていく）と言う点において人間（子ども）開発（潜在能力の

13

維持・再生産・発達・発揮）の思想は重要である。

　ここでは、この人間（子ども）開発（潜在能力の発達・発揮）の思想的淵源の一つに成っているアマルティア・セン（ノーベル経済学賞の受賞者）の福祉を検討し、その人間開発（潜在能力の発達・発揮）に対するセンの理論がどのような意義を持ち、そして同時にどのような問題点（限界）があるのかを考察していきたい。

　まず第1に福祉の特徴を整理し、次に国連開発計画による人間開発（潜在能力の発達・発揮）論がどのように提起され、それが人間開発（潜在能力の発達・発揮）政策にどのような方向転換を意味しているのか、またそれが人間開発（潜在能力の発達・発揮）指標の開発・利用においてどのような変化を導いたかについて考察する。第2にセンの福祉の根幹と言うべきケイパビリティ論は、経済学の主流派の価値論を形づくっている効用論（効用論は、快楽・幸福・欲望等といった心理的特性によって定義される個人の効用のみに究極的な価値を見いだす論である）に対してのもう一つの価値論を展開していると言う事である。つまり、人間の多様な基礎的生活活動（機能「functioning」）の組み合わせ間の自己選択・自己決定の自由の拡大と言う要因を強調する事によって（こうした点を強調するのは、前述したように、次のような点にある。つまり、人が生きている事を実感できるのは、日常の生活活動や社会活動を十分に行っている時の方が多い。そうすると、福祉を考える時、福祉サービスや所得等の生活手段のみに注目するのではなく、実際の人の生活活動と生活状態の状況を詳しく見た方が良い事になる）、新しい人間開発（潜在能力の発達・発達）思想の基礎となる事ができる。

　以上の2点を検討する事によって、人間開発（潜在能力の発達・発揮）がいかに児童福祉・児童手当・生活保護利用の子どもにとって児童福祉の使用価値を高めていく事に連結していくかが認識され、児童家庭福祉学のパラダイム（paradigm）転換に寄与できればと思う。

(2) 人間（子ども）の欲求及び要求と児童家庭福祉の特徴

①人間（子ども）の欲求及び要求と経済学

　人間の生活（人間らしい健康で文化的な生活活動〔機能〕の基盤である潜在能力〔抽象的人間生活力・抽象的人間労働力〕の維持・再生産・発達・発揮の成就）は、人間が労働において自然に働きかけると同時に、人間相互にも働きかけて、人間の種々の欲求（要求）を満たす為に必要な物質的なものやサービスを生産し、分配し、消費（享受）する事によって成り立っている。経済学と言う学問は、こうした人間生活の諸法則を、人間が種々の欲求（要求）の充足手段を獲得し享受するに際しての、人間と自然との相互関係及び人間と人間との相互関係に則しての研究を行う学問である（児童家庭福祉学の学問も同様である）。このように考えられた経済学は、それ自体の内に人間開発（潜在能力の発達・発揮）の経済学が含まれていると思われる（児童家庭福祉学の学問も同様である）。

　まず経済学の原点に位置する人間の欲求（要求）と言う契機に注目し、欲求（要求）と人間開発（潜在能力の発達・発揮）との関連について考えてみる。人間の日々の生活を見ると理解できるように、飲食、衣着、住居、保育、福祉、医療、娯楽等の多種多様な生活手段に対する欲求（要求）を持っている。これらの内、所謂衣食住に関係する生理的及び身体的欲求（要求）の最小範囲は、人間の生物的生存の為に絶対的に必要である（また、この種の欲求は、気象や風土等の自然的条件によって違いがある）。

　しかし、森岡孝二氏が指摘されているように、「どんな種類の欲求（要求）であれ、人間の欲求（要求―挿入、筆者）のありよう、その種類、その範囲、その享受の仕方等は、第1に、人間とその社会の歴史的発展段階、特に文化段階によって条件づけられている。第2に、人間の欲求（要求―挿入、筆者）は、生産関係や家族・地域社会・社会集団の地域全体

及び社会全体の共同的・社会的生活諸関係によって規定されている。第3に、人間の欲求（要求）は、その享受の手段（住居等の生活手段—挿入、筆者）の量と質、種類と範囲によって制約されており、欲求（要求—挿入、筆者）の享受手段の発展につれて発展していく。こうした人間の欲求（要求—挿入、筆者）を満たすには、身体的・自然的欲求（要求—挿入、筆者）であれ、精神的・文化的な欲求（要求—挿入、筆者）であれ、身体器官の外に、種々の物質的及びサービスの生活手段が必要である[2]。」

　筆者自身の日常生活に則して述べるならば、朝はまず時計の音に目を覚まし、布団から抜け出してトイレにいく。歯ブラシに練り歯磨きをつけて歯を磨く。水道の水で顔を洗い、タオルで拭く。朝食の食事をしながら新聞を読む。出勤前に衣類をクリーニング屋に依頼（洗濯のサービスの依頼）する。そこでようやくバスで外出する。これら全て筆者が朝起きて外出するまでの生活上の欲求（要求）を満たす為に必要とする物質的及びサービスの生活手段である。サービスや財（生活手段）には空気や日光等のように自然の状態のままで人間の欲求（要求）を満たすものもあるが、殆どは人間が自然や人間に働きかけて、自然の物質を生活で使用できる形態に変化させたものだと言う意味において、労働の生産物である。

　しかし、労働の生産物である生活手段は現代資本主義社会においては殆ど商品形態をとっている。商品を取得（購買）するのには、一定の生活手段である所得（貨幣）が必要である。ところが労働者が停年・失業・疾病・傷害・障害等によって低所得や貧困に陥った場合、生活手段（商品）の購買力に不足・欠如が生じてくる。この場合、生存権（憲法第25条）としての児童家庭福祉や社会保障が必要となってくる。つまり、経済学とは本来、福祉（well-being）の増進・向上を追求する学問[3]であると言う見解を肯定するならば、福祉と経済の合成語である福祉経済は、社会問題としての児童家庭福祉問題を担った子どもに対する福祉サービス・所得（生活手段）の再分配・機能[4]及び消費（享受）の支援[5]を

研究対象とする社会科学の学問(学問とは、一定の理論「理論とは、科学【科学とは、福祉観察や福祉実践・福祉労働等の経験的手続きによって実証された法則的・体系的知識を意味する】において社会問題としての児童家庭福祉問題と児童家庭福祉労働の事実【科学は理念・思弁や仮定等から出発するのではなく、事実から出発するのである】や認識を統一的に説明し、予測する事のできる普遍性を持つ体系的知識を意味する」に基づいた法則【法則とは、いつでも、またどこでも、資本主義社会の生産様式の条件の下で成立する社会問題としての児童家庭福祉問題と児童家庭福祉労働との普遍的・必然的関係を意味する】的・体系的知識と方法と言う意味する)になる。

②児童家庭福祉の特徴

　従来の経済学による生活評価は、人の持っている財や所得の手段の程度を基準にするものと、本人の主観的な幸福感に注目するものとに分かれている。従来、児童家庭福祉の生活評価も児童家庭福祉・児童手当・生活保護の手段そのものの整備程度や水準のみを基準あるいは焦点としていた(児童家庭福祉・児童手当・生活保護制度【生活手段】等そのものの整備程度や水準は重要であるが、児童家庭福祉・児童手当・生活保護制度等そのものの整備程度や水準は直接的に児童家庭福祉ではない。と言うのは、児童家庭福祉利用の子どもが児童家庭福祉・児童手当・生活保護制度等を使用する事によって、人間らしい健康で文化的な潜在能力【抽象的人間生活力・抽象的人間労働力】の維持・再生産・発達・発揮を成就して初めて児童家庭福祉となると考えている)。つまり、児童福祉は、生存権保障として児童家庭福祉・児童手当・生活保護利用の子どもに児童家庭福祉・児童手当・生活保護等の生活手段の保障とともに児童家庭福祉・児童手当・生活保護等の生活手段そのものを使用して何をなしうるかあるいは児童家庭福祉・児童手当・生活保護利用の子どもはどのような存在でありうるかと言う点が焦点となる。児童家庭福祉・

児童手当・生活保護利用の子どもを中心に置き、しかも人間らしい健康で文化的な潜在能力【抽象的人間生活力・抽象的人間労働力】の維持・再生産・発達・発揮の成就の実現（福祉＝well-being）の際に児童家庭福祉・児童手当・生活保護等の生活手段そのものの使用価値だけに注目するだけでなく、児童家庭福祉・児童手当・生活保護利用の子どものケイパビリティの多様性に注目していく必要性をアマルティア・センは次のように指摘する。

「一例としてパンという財を考えよう。この財は多くの特性をもつが、栄養素を与えるというのもそのひとつである。この特性は、カロリー・蛋白質など、さまざまなタイプの栄養素に分解できるし、そうすることはしばしば有用である。栄養素を与えるという特性に加え、パンはその他の特性、例えば一緒に飲食する集まりを可能にするとか、社交的な会合や祝宴の要請に応えるといった特性をもっている。ある特定時点における特定の個人は、より多くのパンをもつことにより、ある限度内でこれらの仕方（すなわちカロリー不足なしに生存すること・他人をもてなすことなど）で機能する能力を高めることができる。しかし、二人の異なる個人を比較する際には、ただ単に二人の個人がそれぞれに享受するパン（あるいはそれに類した財）の量をしるだけでは、十分な情報を得たことにはならない。財の特性を機能の実現へと移す変換は、個人的・社会的なさまざまな要因に依存する。栄養摂取の達成という場合にはこの変換は（一）代謝率、（二）体のサイズ、（三）年齢、（四）性（そして女性の場合には妊娠しているか否か）、（五）活動水準、（六）（寄生虫の存在・非存在を含む）医学的諸条件、（七）医療サービスへのアクセスとそれを利用する能力、（八）栄養学的な知識と教育、（九）気候上の諸条件、などの諸要因に依存する[6]。」

つまり、アマルティア・センが指摘されているように、人（子ども）の福祉＝well-beingを考えていく場合、ひと（児童家庭福祉・児童手当・生活保護利用の子ども）の前述した多様なケイパビリティを踏まえて、

人（児童家庭福祉・児童手当・生活保護利用の子ども）がなしうること（doing）となりうること（being）に注目していく事が重要であると言う事である。またアマルティア・センによれば、「福祉（well-being）」の評価を富裕つまり実質所得（生活手段）のみに焦点を合わせたり、効用や満足のみに焦点を合わせるのではなくて、人（児童福祉・児童手当・生活保護利用の子ども）が機能するケイパビリティ、即ち人（児童家庭福祉・児童手当・生活保護利用の子ども）はなにをなしうるか、あるいは人（児童福祉・児童手当・生活保護利用の子ども）はどのような存在でありうるかと言う点にこそ関心を寄せるべきであると言う事になる。児童家庭福祉・児童手当・生活保護は特性（使用価値）を備えているが、児童家庭福祉・児童手当・生活保護の特性（使用価値）は、人（児童家庭福祉・児童手当・生活保護利用の子ども）がそれを使用して何をなしうるかを教えてくれない。人（児童家庭福祉・児童手当・生活保護利用の子ども）の「福祉について判断する際には、彼／彼女（児童家庭福祉・児童手当・生活保護利用の子ども―挿入、筆者）が所有する財の特性に分析を限定するわけにはいかない。われわれは、ひとの『機能』（functioning）にまで考察を及ぼさねばならないのである。財の所有、従ってまた財の特性に対する支配権は個人（児童家庭福祉・児童手当・生活保護利用の子ども―挿入、筆者）に関わることであるが、財の特性を数量的に把握する方法はその財を所有するひとの個人（児童家庭福祉・児童手当・生活保護利用の子ども―挿入、筆者）的特徴に応じて変わるわけではない。自転車は、それをたまたま所有するひとが健康体の持主であれ、ひとしく『輸送性』という特性をもつ財として処理されてしまう。ひとの福祉について理解するためには、われわれは明らかにひとの『機能』にまで、すなわち彼／彼女（介護福祉利用の高齢者―挿入、筆者）の所有する財とその特性を用いてひとはなにをなしうるかにまで考察を及ぼさねばならないのである。例えば、同じ財の組み合わせが与えられても、健康なひとならばそれを用いてなしうる多くのことを障害者（高

齢障害者―挿入、筆者）はなしえないかもしれないという事実に対して、われわれは注意を払うべきである[7]。」（傍点、筆者）とするならば、児童家庭福祉・児童手当・生活保護制度の手段そのものの整備程度や水準等の生活手段の不足・欠如の側面と生活手段の不足・欠如から関係派生的に生成してきた児童家庭福祉・児童手当・生活保護利用の子どもの多様なケイパビリティ及びそのケイパビリティの維持・再生産・発達・発揮の阻害の側面を統一的に捉え、さらに両者の関係（機能）にも注目していく事が重要であると言う事である。そして、こうした捉え方は、児童福祉・児童手当・生活保護利用の　子どもを中心においた考え方であり、児童家庭福祉・児童手当・生活保護利用の子どもが人間らしい健康で文化的な生活の享受に成功する多様な機能（機能とは人が成就しうる事―彼／彼女〔児童家庭福祉・児童手当・生活保護利用の子ども〕が行いうる事、なりうる事―である。それは言わば人〔児童家庭福祉・児童手当・生活保護利用の子ども〕の「福祉状況」の一部を反映するものであって、これらの機能を実現する為に使用される児童家庭福祉・児童手当・生活保護制度等の生活手段そのものとは区別されなくてはならない。自転車〔生活手段〕を乗り回すことが自転車〔生活手段〕を所有することから区別されなくてはならないというのは、その一例である[8]）と児童家庭福祉・児童手当・生活保護利用の子どもがこれらの機能を達成する生活活動（機能）の基盤であるケイパビリティの多様性及びその不足・欠如にも注目していく事が重要である。

　従って、児童家庭福祉学は、児童家庭福祉・児童手当・生活保護制度等によるサービスの再分配の児童家庭福祉政策のあり方、再分配された児童家庭福祉・児童手当・生活保護制度等の生活手段そのものを児童家庭福祉・児童手当・生活保護利用の子どもが人間らしい健康で文化的な生活に変換していく、あるいは人間らしい健康で文化的な生活活動（機能）の基盤である潜在能力（抽象的人間生活力・抽象的人間労働力）の維持・再生産・発達・発揮の成就を研究していく学問である。つまり、

生存権保障として児童家庭福祉・児童手当・生活保護利用の子どもの多様性を踏まえた生活手段(所得や生涯教育制度等)の保障と児童家庭福祉・児童手当・生活保護利用の子どもの生活活動(機能)の基盤である潜在能力の維持・再生産・開発＝発達・発揮を行っていく機能、児童家庭福祉・児童手当・生活保護利用の子どもの機能に対する児童家庭福祉労働・児童家庭福祉実践のあり方等を研究対象とするところに特徴がある。

(3) 人間(子ども)開発及び発達の児童家庭福祉学

①国連開発計画による人間開発及び発達論[9]

　今日、開発は経済開発(例えば、国民総生産＝GNPの向上等)から人間開発(潜在能力の発達・発揮)に重点が移ってきている(勿論、生活手段として国民総生産の向上が重要であると言う事は言うまでもない)。国連開発計画による人間開発を見ると、次のように指摘している。国連開発計画による人間開発とは、「人間の役割と能力を拡大することにより、人々の選択の幅を拡大する過程である。よって、人間開発とはこうした役割や能力の人間へ及ぼす結果を反映することにもなる。人間開発は、過程でありまた目的でもある[10]。」そして、「すべての開発段階での三つの基本的な能力とは、人々が長命で健康な生活を送り、知識をもち、人間らしい生活水準に必要な経済的資源を得られることである。しかし、人間開発の守備範囲はこれ以上に拡大している。その他、人々が非常に大切だとしている選択肢には、参加、安全保障、持続可能性、人権保障などがあり、これらはすべて創造的、生産的であるために、また、自尊心や能力向上、地域社会への帰属意識をもって生きるために、必要なものである[11]。」ここでは、人間開発が所得・富(手段)の成長以上のことを示し、即ち人間による選択の拡大を意味すると定義されている。ここで、人間の多様な選択の中でも重要なものとして、保健、教

育、人間らしい生活を維持できる収入、政治的自由、人権、人間の尊厳が挙げられている事に留意する事が重要である。これらの指摘は、収入の点を除いて、これまでの主流派経済学にとって「市場の外部」とみなされていた要因である。人間開発の児童家庭福祉学が従来の児童家庭福祉学のスコープ（scope）を大きく広げている。

　また、この国連開発計画では、人間開発過程が個人の選択・能力の拡大に留まらず、国家の義務を次のように指摘している。「国家には、主たる義務者として適切な政策を採用、実施し、最善を尽くして貧困を根絶する責任がある。そして政策の実施に関し、国家の説明責任を明確にする必要がある[12]。」国家の公共政策の義務を指摘している点は、国家の社会福祉も含めた公共政策の責任領域を縮小していこうとする経済的土台（資本主義社会の生産様式）に規定された上部構造である新自由主義（新自由主義の考え方は、社会の資源配分を市場の自由競争で実現しようとする。そして、国家の経済への介入は市場の自由競争を制約すると言う事から、国家の福祉への介入も批判する。しかも市場の自由競争によってもたらされた生活の不安定や貧困を市場の自由競争の強化で解決しようとするもので、明らかに生活の不安定や貧困を拡大するものである）に対して批判の根拠となる。

　そして、人間開発の基礎概念として前述したケイパビリティと言う用語が出てくる。「開発の過程は少なくとも人々に対して、個人的にも集団的にも、彼らの持つ資性を完全に発揮させることを可能とし、また、同時に彼らの必要や利害に応じた生産的、また創造的生活を営ませるに相当の機会を与える事を可能とさせるような政策環境を、つくり出さなければならない。人間開発は従って、人間のケイパビリティ―保健や知識の改善―を形成するという事以上に、これらのケイパビリティをいかに利用し、発揮していくか、という事に関連している。ケイパビリティの利用とは、仕事、余暇、政治活動、文化活動などいろいろな面で現れる。もし、人間開発の度合の中で、人間のケイパビリティの形成とその

利用との間にずれが見出される時、人間の潜在能力の大きな部分は浪費されてしまうことになろう[13]」。西川潤氏が指摘されているように、このケイパビリティの用語は、後述するようにアマルティア・センの概念である。ケイパビリティは能力及び潜在能力の双方を指し、キャパシティ（capacity）と言う言葉とは異なる[14]。つまり、キャパシティはあるもの（こと）を生み出す力（例えば、米を生産する能力そのもの等）を指しているが、ケイパビリティ・アプローチは、「『機能を可能にする能力』も含めた『達成するための自由』に対する幅広い関心の上に立脚しているのである[15]。」そして、西川潤氏が指摘されているように、ケイパビリティの形成及び利用は個人の能力であると同時に、公共政策の責任でもある[16]（ここで、福祉の公共政策の責任とは、能力の形成及び発揮を保障していくような政策環境形成の責任である。ここに、近年、注目されている政策環境の問題が現れる[17]）。

②人間開発及び発達指標[18]

今日までの経済学では、厚生または福祉の指標を一人当たりの国民総生産＝GNP（マクロ経済学）等で示されてきた。しかし、開発理念が経済成長から人間開発へと転回する時、人間らしい健康で文化的な生活＝福祉（well-being）を示す為の新しい指標が必要となる。国連開発計画では、人間開発を測定する指標として人間開発指標を設定した。HDI（Human Development Indicators）は、前述した人間開発の定義に沿い、保健、教育、一人当たりの実質所得に関してそれぞれ指標を作成し、これらを合成したものである。その意味で、これはGNP指標と異なり、社会指標である言ってよい。

HDIは、比較的簡単な操作可能な指標を用いる事によって、国際間の人間開発・社会開発度を比較する事を可能にした。HDIは国内総生産＝GDP（Gross Domestic Product）と同じマクロ・レベルの数字である為に、国内の所得分配の歪みを表示するものではない。また、一人当たりの実質所得はGNPを基盤としており、その為、経済成長を批判

すると言うよりは、人間開発と経済成長の相関関係を肯定的に見て、また一方で、人間開発のもう一つの定義として挙げられた自由や人権をどのように測定するかと言う問題があったが、個人の安全、法の支配、表現の自由等について4つの指標を集め、これを合成した政治的自由指標（Political Freedom Indicators）を発表した（しかし、PFIが低いとされた発展途上国からの厳しい批判に晒され、その後放棄された）。

(4) センの福祉論 [19]

アマルティア・センは効用主義（帰結の望ましさを判断する際に、個々の人の厚生、効用、満足だけを判断の材料にする立場が効用主義と呼ばれている）を批判し、社会行動の基礎としての共感（共感とは、他人が虐待を受けている事実を知って心を痛める事）に発しながらも、さらに個人の選択としての要因を強調するコミットメント（commitment）と言う概念を提起しているが、この概念の意味は次のような事である。つまり、自分の正義感に照らして不正な事に抗議する事は私たちの日常生活にある事は言うまでもない。譬えそれが自分の生活に直接関わらなくても、また時には自分の利益を損なうとしても、また自分の福祉（well-being）が下がる事を知った上であえて自分の価値を認める行動を選択する事をコミットメントと呼んでいる。人間の行動が、単に自己利益ばかりではなく、同時にコミットメントにも依存していると考える時、アマルティア・センの、ロールズの「正義の二原理（第一の原理は、基本的な権利と義務の割り当ての平等を求め、第二の原理は、社会的・経済的不平等は全ての人、とりわけ最も不遇な立場にある社会構成員の便益を結果的に補償する場合のみ、正義にかなうと主張する[20]）」に対する批判点が明らかになる。

ロールズは、基本的自由を基礎として社会的不遇者に対する「最大の利益」の保障は、基本財（権利、自由と機会、所得と富、自尊等の社会

的基礎としての「合理的な人間ならばだれでも望むであろうと推定される」財）の配分として現れると考えている[21]。しかしアマルティア・センは、西川潤氏が指摘されているように、この見方を物神崇拝的（物神崇拝とは、現代資本主義社会の商品生産社会にあっては、人と人との関係はものとものとの交換関係を通じてのみ成立する。つまり、物的依存の社会であり、これを物神崇拝的と呼ぶ）であると批判し、人間の多様性を認めた上でベイシック・ケイパビリティの平等を認める事によって、初めて財に対する主観的効用とも、基本財の配分の平等とも異なった福祉の柱が構築できると考えた[22]。ケイパビリティ論の基礎として、エンタイトルメント（entitlement）の考え方がある。エンタイトルメントとは、社会や他人から与えられた権利（社会保障等の受給権など）や機会を使用して、ある個人が自由に使用できる財貨の様々な組み合わせの事である。実際に人々の間で所有されかつ交換されるかは、このエンタイトルメントのあり方によって決まる。例えば、子どもの場合、児童家庭福祉・児童手当・生活保護制度等によってどのくらいの財貨が得られるかがその人のエンタイトルメントを決める事になる。つまり、西川潤氏が指摘されているようにエンタイトルメントは、権利の行使によって獲得された財貨・サービスの支配、またそれらに対するアクセス情況であって、あるいは人間の権利に基づいて、生存権等の人権を保障する財貨・サービス基盤を指す概念であって、単なる規範的な概念ではない[23]。

　ある人間の基本的生活活動（機能）とは、西川潤氏が指摘されているように、十分な栄養を摂取すること、早死にを防いだり、病気の際に適切な医療を受けたりする事等、生に関する基本的な諸生活活動から、自尊心を持ったり、幸福であったり、地域生活に積極的に参加したり、他人に認められたりする、より複雑な生活活動まで、多様なものを含むが、重要な事は、これらの諸生活活動の組み合わせを選択していく事によって、人間の生活活動（機能）の基盤であるケイパビリティが明らかになってくる事である[24]。

従って、生活活動（機能）の基盤であるケイパビリティとは、人間（児童家庭福祉・児童手当・生活保護利用の子ども）が基本的生活活動（機能）の選択を通じて、多様な可能な生の間に選択を行っていく事を指す[25]。人間（児童家庭福祉・児童手当・生活保護利用の子ども）が基本的生活活動（機能）を実現していく生活活動（機能）の基盤であるケイパビリティは人間（子ども）にとっての児童家庭福祉（well-being）に密接に関係があり、またより良い児童家庭福祉（well-being）が達成されるかどうかは、基本的生活活動（機能）を自己選択・自己決定し実現する人間（子ども）の生活活動（機能）の基盤であるケイパビリティにかかっていると言っても過言ではない。何故ならば、児童家庭福祉・児童手当・生活保護等の生活手段そのものの特性（使用価値）を活用する能動的・創造的活動と受動的・享受的活動の潜在能力の維持・再生産・発達・発揮の阻害（ケイパビリティに不足・欠如）があったならば、児童家庭福祉・児童手当・生活保護等の生活手段そのものの特性（使用価値）を生活目的（人間らしい健康で文化的な生活あるいは人間らしい健康で文化的な潜在能力【抽象的人間生活力・労働力】の維持・再生産・発達・発揮の実現【成就】）に変換していく事が不十分あるいは不可能となる。つまり、福祉（well-being）は福祉家庭利用者の生活活動（機能）の基盤であるケイパビリティを基礎とした日常の生活活動を通して、児童家庭福祉・児童手当・生活保護等の生活手段そのものを福祉（well-being）に変換していく必要があるから、児童家庭福祉・児童手当・生活保護等の生活手段そのもののみに焦点を合わせるのではなく、児童福祉・児童手当・生活保護等の生活手段そのものの量的及び質的保障（福祉政策的労働・実践）の側面と同時に、児童家庭福祉・児童手当・生活保護利用の子どもは児童家庭福祉・児童手当・生活保護等の生活手段そのものを活用して何をなしうるか、あるいは児童福祉・児童手当・生活保護利用の子どもはどのような存在でありうるかと言う機能（機能への福祉臨床的労働・実践による支援）の側面の統一的視点が重要となる。

以上のように、児童家庭福祉・児童手当・生活保護利用の子どもの生活活動（機能）の基盤であるケイパビリティ、基本的生活活動、エンタイトルメントとの関係を理解するならば、児童家庭福祉における人間開発（潜在能力の発達・発揮）の重要性が明らかになってくる。

(5) おわりに

　西川潤氏が指摘されているように、このアマルティア・センのケイパビリティ論が国連人間開発報告書の基礎となったのはそれなりの意義がある。と言うのは、国際開発の分野で、人間開発が経済開発と同時に、人間の自己選択・自己決定の生活活動（機能）の基盤であるケイパビリティの拡大として捉えられるようになってきたからである[26]（それと供に、開発指標も GNP 指標に代わって社会指標が重視されるようになり、福祉、保健、教育、実質購買力等に基づく人間開発指標が作られ、用いられるようになった[27]）。

　ケイパビリティ論は、人間の福祉（well-being）を基本的生活活動の組み合わせを自己選択・自己決定し、福祉（well-being）を実現（成就）していく生活活動（機能）の基盤であるケイパビリティの拡大にあると見る[28]。この場合に、基本的生活活動を保障する福祉サービス・財貨（生活手段）の保有状況、またそれに対する具体的な権利（entitlement）が社会的に保障されているかどうかは、生活活動（機能）の基盤であるケイパビリティの実現（成就）にとって重要な条件となる[29]。このように考えれば、社会問題としての児童家庭福祉問題とは、エンタイトルメントの剥奪による生活手段（実質所得など）の不足・欠如のみではなく、生活手段の不足・欠如から関係派生的に生成してきた生活活動（機能）の基盤である潜在能力の維持・再生産・発達・発揮の阻害（ケイパビリティの不足・欠如）の為に、基本的生活活動の阻害（機能の阻害）も意味する。自由及び人権（生存権など）に基づいた自己選択・自己決定と

しての多様な生活活動（機能）の基盤であるケイパビリティによる親及び子どもの不断の努力による基本的生活活動の組み合わせの拡大の幸福追求こそが、憲法第12条（この憲法が国民に保障する自由及び権利〔生存権―挿入、筆者〕は国民の不断の努力によってこれを保持しなければならない）・憲法第13条（すべて国民は、個人として尊重される。生命、自由及び幸福追求に対する国民の権利については最大の尊重を必要とする）の理念に適合したより良い児童家庭福祉（well-being）を実現する土台（基礎）をつくる事にもなる。それは同時に、社会開発の中心である人間開発（潜在能力の発達・発揮）の課題と考える新しい児童家庭福祉学の到来を意味するものである。

　しかし、アマルティア・センの福祉体系と今日の人間開発（潜在能力の発達・発揮）論は、個人レベルのケイパビリティが課題である為、共同の生活活動（機能）の基盤であるケイパビリティについては考察さられていない。共同の生活活動（機能）の基盤であるケイパビリティを地域福祉との関連で考えるならば、既存の地域福祉（既存の地域福祉は、地域住民の地域福祉活動〔機能〕が強調されている一方において、生活手段の不足・欠如〔例えば、所得の不足・欠如等〕が看過されているように思われる）の批判的検討も含めた地域住民の共同のケイパビリティによって地域福祉を発展させていく事は、地域住民の共同の幸福追求と言う国民の不断の努力を実践する事にもなり、憲法第12条（この憲法が国民に保障する自由及び権利〔生存権―筆者〕は国民の不断の努力によってこれを保持しなければならない）・憲法第13条（すべて国民は、生命、自由及び幸福追求に対する国民の権利については最大の尊重を必要とする）の理念にも適合したより良い児童家庭福祉（well-being）に合致する事にもなる。また、アマルティア・センは現代資本主義構造（土台＝生産関係と上部構造）との関連で、社会問題としての児童家庭福祉問題（必需的な生活手段【所得・児童教育制度等】の不足・欠如と生活手段の不足・欠如から関係派生的に生成してきた児童家庭福祉・児童手

当・生活保護利用の子どもの人間らしい健康で文化的な潜在能力【抽象的人間生活力・抽象的人間労働力】の維持・再生産・発達・発揮の阻害の生活問題）がどのようにして生成してくるかについても考察されていないが、この点を考察していく必要がある。何故ならば、この点の認識が欠けると、社会問題としての児童福祉家庭問題を私的な個人の問題あるいは私的な家族の問題にしてしまいがちであり、児童家庭福祉が子どもの生活問題に対する社会的人権（生存権など）保障策であると言う認識が欠けてしまう。つまり、社会的人権保障策やエンタイトルメントの発展の為には、社会問題としての児童家庭福祉問題の認識は重要である。さらに、アマルティア・センは、児童家庭福祉の使用価値（人間らしい健康で文化的な潜在能力【抽象的人間生活力・抽象的人間労働力】の維持・再生産・発達・発揮の実現【成就】）を高めていく生活活動（機能）の基盤であるケイパビリティに焦点をあてた事は重要であるが、価値・剰余価値の要因を看過している。

【注】

1) 横田洋三・その他監修『人間開発報告書2000―人権と人間開発―』（国際協力出版会、2000年）。
2) 森岡孝二「経済学の基礎概念と人間の発達」（基礎経済科学研究所編『人間発達の経済学』青木書店、1982年、28-30頁）。
3) 社会福祉辞典編集委員会編『社会福祉辞典』（大月書店、2002年、456頁）。
4) 機能は次のような意味である。人が生きている事を実感できるのは、日常の生活や社会活動を十分におこなっている時の方が多い。そうすると、福祉（well-being）を見るときには所得（生活手段）等のみを見るだけでなく、生活手段を活用して、人（人間）がなしえる事、あるいはなりうる事にも注目する必要がある。このように、人（人間）がなしえる事、あるいはなりうる事を機能と呼ぶ。そして、アマルティア・センの共同研究者であるマーサC.ヌスバウムは、機能と密接な関係があるケイパビリティ（潜在能力）を次のように指摘している。「①生命（正常な長さの人生を最後まで全うできること。人生が生きるに値しなくなる前に早死にしないこと）、②身体的健康（健康であること【リプロダクティブ・ヘルスを含む】。適切な栄養を摂取できていること。適切な住居にすめること）、③身体的保全（自由に移動できること。主権者とし

て扱われる身体的境界を持つこと。つまり性的暴力、子どもに対する性的虐待、家庭内暴力を含む暴力の恐れがないこと。性的満足の機会および生殖に関する事項の選択の機会を持つこと）、④感覚・想像力・思考（これらの感覚を使えること。想像し、考え、そして判断が下せること。読み書きや基礎的な数学的訓練を含む【もちろん、これだけに限定されるわけではないが】適切な教育によって養われた〝真に人間的な〟方法でこれらのことができること。自己の選択や宗教・文学・音楽などの自己表現の作品や活動を行うに際して想像力と思考力を働かせること。政治や芸術の分野での表現の自由と信仰の自由の保障により護られた形で想像力を用いることができること。自分自身のやり方で人生の究極の意味を追求できること。楽しい経験をし、不必要な痛みを避けられること）、⑤感情（自分自身の周りの物や人に対して愛情を持てること。私たちを愛し世話してくれる人々を愛せること。そのような人がいなくなることを嘆くことができること。一般に、愛せること、嘆けること、切望や感謝や正当な怒りを経験できること。極度の恐怖や不安によって、あるいは虐待や無視がトラウマとなって人の感情的発達が妨げられることがないこと【このケイパビリティを擁護することは、その発達にとって決定的に重要である人と人との様々な交わりを擁護することを意味している】）、⑥実践理性（良き生活の構想を形作り、人生計画について批判的に熟考することができること【これは、良心の自由に対する擁護を伴う】）、⑦連帯（Ａ　他の人々と一緒に、そしてそれらの人々のために生きることができること。他の人々を受け入れ、関心を示すことができること。様々な形の社会的な交わりに参加できること。他の人の立場を想像でき、その立場に同情できること。正義と友情の双方に対するケイパビリティを持てること【このケイパビリティを擁護することは、様々な形の協力関係を形成し育てていく制度を擁護することであり、集会と政治的発言の自由を擁護することを意味する】　Ｂ　自尊心を持ち屈辱を受けることのない社会的基盤をもつこと。他の人々と等しい価値を持つ尊厳のある存在として扱われること。このことは、人種、性別、性的傾向、宗教、カースト、民族、あるいは出身国に基づく差別から護られることを最低限含意する。労働については、人間らしく働くことができること、実践理性を行使し、他の労働者と相互に認め合う意味のある関係を結ぶことができること）、⑧自然との共生（動物、植物、自然界に関心を持ち、それらと拘わって生きること）、⑨遊び（笑い、遊び、レクリエーション活動を楽しむこと）。⑩環境のコントロール（Ａ政治的　自分の生活を左右する政治的選択に効果的に参加できること。政治的参加の権利を持つこと。言論と結社の自由が護られること。Ｂ物質的　形式的のみならず真の機会という意味でも、【土地と動産の双方の】資産を持つこと。他の人々と対等の財産権を持つこと。他者と同じ基礎に立って、雇用を求める権利を持つこと。不当な捜索や押収から自由であること）」
　（Martha C. Nussbaum（池本幸生・その他訳）『女性と人間開発―潜在能力アプローチ―』岩波書店、2005年、92-95頁）。

5) 本章では、援助と支援の意味の違いを考慮して、支援の言葉を使用する。つまり、福祉利用者を物事の中心に据えたとき、「援助」という概念には、援助者側からの一方的で上から福祉利用者を見下す上下関係としての（たすけ「援け、助け」）の構造がある。一方、「支援」という概念には、福祉利用者の意志を尊重し支え、その上で協力を行うという、福祉利用者主体の考え方が内在している。Bill, worrel（河東田博・その他訳）『ピープル・ファースト：支援者のための手引き』（現代書館、1996年、92頁）。
6) アマルティア・セン（鈴村興太郎訳）『福祉の経済学』（岩波書店、1988年、41-42頁）。
7) セン、前掲書、21-22頁。
8) セン、前掲書、22頁。
9) 横田、前掲書。西川潤著『人間のための経済学』（岩波書店、2000年、288-309頁）。
10) 横田、前掲書、23頁。
11) 横田、前掲書、24頁。
12) 横田、前掲書、99頁。
13) 西川、前掲書、291頁。横田洋三・その他監修『人間開発報告書1990—人間開発の概念と測定—』（国際協力出版会、1990年、8頁）。
14) 西川、前掲書、291頁）。
15) セン（池本幸生・その他訳）『不平等の再検討』（岩波書店、1999年、210頁）。
16) 西川、前掲書、292頁。
17) 西川、前掲書、292頁。
18) 人間開発指標については、西川の説明に依拠している（西川、前掲書、293-296頁）。
19) セン、前掲書。
20) セン（池本幸生・その他訳）、前掲書、117-133頁。川本隆史著『ロールズ』（講談社、2005年、128-129頁）。
21) 西川、前掲書、302頁。セン（池本・その他訳）、前掲書、117-133頁。
22) 西川、前掲書、302頁。セン（池本・その他訳）、前掲書、17-46頁。
23) 西川、前掲書、303頁。
24) 西川、前掲書、303頁。
25) 西川、前掲書、303頁
26) 西川、前掲書、307頁。
27) 西川、前掲書、307頁。
28) 西川、前掲書、308頁。
29) 西川、前掲書、308頁。

4. 貧困の子どもの生活水準

(1) はじめに

　ケースワーク支援[1]を福祉実践（福祉労働）していく場合、多様な社会問題としての子どもの貧困問題（必需的な生活手段【貨幣・教育制度等】の不足・欠如と生活手段の不足・欠如から関係派生的に生成してきた子どもの人間らしい健康で文化的な生活活動【機能】の基盤である潜在能力（ケイパビリティ【抽象的人間生活力＝子どもが生活の際に支出する脳髄・神経・筋肉等を意味する】）の維持・再生産・発達・発揮の阻害（子ども潜在能力の不足・欠如】の貧困問題）を担った子どもの生活水準をどのように評価していくかが重要である。しかし、現実に展開されているケースワーク実践論及びケースワーク労働論においては、根本的なレベルにおいて突っ込んだ議論が不足しているように思われる。ケースワーク支援と称される一連の行為（ケースワーク実践・ケースワーク労働）が、支援をする側の独善的なものになり、或いは寧ろ害（例えば、生活指導の支援の名の下にケースワーカーの考え方を一方的に押しつける等）になる可能性を常に秘めている事を考えれば、子どもの多様な状況（状態）に応じた児童家庭福祉の手段と児童家庭福祉の目的に関する基礎的な評価作業を怠ってはいけないと考える。
　ここで考察していきたい事は、生活手段の保障と子どもの人間らしい健康で文化的な生活活動（機能）の基盤である潜在能力（抽象的人間生活力）の維持・再生産・発達・発揮を巡ってしばしば用いられる生活水準と言う概念である。取り分け、それぞれの市町村で生活している子どもの人間らしい健康で文化的な生活活動（機能）の基盤である潜在能力

（抽象的人間生活力）の維持・再生産・発達・発揮は実に多様であり、文化の異なる生活条件の優劣を一つの指標（所得等の生活手段）で評価するのには疑問を持っている。しかし、現実の児童家庭福祉の対象を確定する際に、優先順位を正当化する何らかの比較可能な指標を必要とする。文化の相対性を重んじるあまり、特定の価値に基づく共通概念の適用、あるいはその数量化や指標化を一方的に拒否するのは現実的ではない。寧ろ自らの価値評価を自覚した上で多様な生活（子どもの人間らしい健康で文化的な生活活動【機能】の基盤である潜在能力【抽象的人間生活力】の維持・再生産・発達・発揮）のあり方を包摂しうるような概念の構築と、その操作化に努めるのが望ましく、また現実的な姿勢であると思われる。

ここでは、効用・基本財の保有・ケイパビリティ・アプローチを手掛かりとして、ケースワーク支援（ケースワーク実践・ケースワーク労働）における生活水準の評価の在り方を根源的に考察していきたい。何故ならば、児童家庭福祉や生活保護等の生活手段を福祉（目的）に転換していく場合、子どもの享受ケイパビリティ等が人間らしい健康で文化的な生活活動（機能）の基盤である潜在能力（抽象的人間生活力）の維持・再生産・発達・発揮にとって迚も重要になるからである。

(2) 効用・基本財・ケイパビリティ・アプローチの特徴と問題点

これまでの生活水準の評価においては、効用・基本財の保有・ケイパビリティ・アプローチ等があった。以下では、これらのアプローチの特徴と問題点を考察していく。

①効用アプローチ

効用に重点を置いた評価の例としてベンサムに端を発する功利主義が挙げられる[2]。この立場は、評価の手続きとしては生活事態の善し悪し

を具体的な結果から判断し、評価の単位は効用のみとし、評価の方法は各人の効用を足し合わせると言うものである。所謂ベンサムの「最大多数の最大幸福」の格言に示されているように、人々の幸福や満足と言った主観的な効用を基に、快楽や苦痛を計測し、快楽をより多く、苦痛をより少なく行動する個人の状態を事実として認める事である。さらに効用の特徴を述べると、効用について経済学者の間で次のような合意が得られている。効用とはその人の選好（欲求）を充足する単位であり、効用の個人間比較は基本的に不可能で、効用の増減は序数的にのみ評価できると言うものである。そして、効用による評価方法上の特徴は、効用を重視する為に被評価者の主観的な判断で生活事態の望ましさが決定される事である。つまり、本人の生活状態（効用レベル）は本人にしか分からないし、本人が判断するのが最も望ましいと言う立場である。

　そして、この立場からすれば、人々が快楽を最大化し、苦痛を最小化するように行動し、結果としての効用が量的に計測可能であれば、社会的な福祉は、人々の若干の差異はあっても、全体の福祉を最大化する事こそが功利主義の原理に合うものであり、またそれは、市場のみならず社会全体においても正義に叶う倫理的規範であり、福祉条件であった[3]。確かにこの功利主義は、分配における不平等よりも総和を最大にする事に関心を集中し（総和主義）、権利、自由、その他の非功利的な関心事よりも快楽や幸福等の精神的特性に関心を寄せる主観主義に依存し（効用主義）、そして、結果以外にも重大なものがありうると言う規範的理論の傾向を否定して、選択（行動、ルール、制度など）はその結果によって判断される（帰結主義）と言う特徴を持っていた[4]。

　しかし、アマルティア・センは、こうした偏執した考え方に対して、次のように批判した。「合理的行動に関する効用の経済理論は、ときとして過大の構造をもつかどうかで批判される。人間は現実にはもっと『単純』なのだというわけである。しかし、これまでのわれわれの議論が正しいとすれば、実際はその反対である。伝統的な理論はあまりにも僅か

な構造しかもっていないのである。そこでは人間は単一の選好順序をもつと想定され、必要が生じたときにはその選好順序が、彼の利害関心を反映し、彼の厚生を表し、何をなすべきかについての彼の考えを要約的に示し、そして彼の実際の選択と行動を描写するものだと考えられている。たった一つの選好順序だけをもって果たしてこれだけの事ができるだろうか。確かに、そのようにして人間は、その選択行動において矛盾を顕示しないという限定された意味で『合理的』と呼ばれるかもしれない。しかしもしその人が〔選好、選択、利益、厚生といった〕まったく異なった諸概念の区別を問題にしないのであれば、その人はいささか愚かであるに違いない。純粋な経済人は、事実、社会的には愚者に近い。しかしこれまでの経済理論は、そのような単一の万能の選好順序後光を背負った合理的な愚か者（rational fool）に占領され続けてきたのである。人間の行動に関係する〔共感やコミットメントのような〕他の異なった諸概念が働く余地を創り出すためには、われわれはもっと調琢された構造を必要とする[5)]。」つまり、人間は単一の効用のみで行動するのではなく、共感（共感とは、他人が虐待を受けている事実を知って、心を痛める事）やコミットメント（コミットメント〔commitment〕とは、自分の福祉が下がることを知った上で、敢えて自分が価値を認める行動を選択する事）でもって行動する事を看過している事である。

②基本財の保有アプローチ

　基本財の保有アプローチの例は、ロールズの「公正としての正義」論が挙げられる[6)]。ロールズは次のように述べる。分配における格差が正義に叶っているのは、「より幸運な人々の利益が最も不運な人々の福利を促進する場合、幸運な人々の利益の減少が最も不運な人々の生活状態を現在よりも一層悪化させる場合、したがって、最も不運な人々の人生の見通しが可能なかぎり大きなものである場合に、……完全に正義にかなっている[7)]」と述べる。それは、効率性の原理をも考慮した上で、平

等な分配の原理と調和させるような、不利益な人々へのマキシミン原理の可能な限りの引き上げを旨とする提案でもあった。その際、人々の利益は、人々が保有する事に意義を認めている基本財で判断され、そして、その基本財には、自由や機会、所得や富、健康や知的教養、自尊心を含んでいる点で特徴的であった[8]。

そして、ロールズは、効用の最大化がそもそも社会の目標として、相応しいかどうかについて、次のような否定的な考え方を示す[9]。つまり、社会的に望ましくない効用の例として、二つ挙げている。一つは攻撃的嗜好であり、もう一つは贅沢嗜好である。前者は、他人の自由を著しく制約するような行動を喜びとする事である。例えば、自分が住んでいる地域に、自閉症施設の建設を反対する一方において、所有地の自己資産価値の値上がりを喜びとする事である[10]。後者は、贅沢な嗜好が満たされないと効用が著しく低下する人物に資源を余分に分配する事も正義に反する事である。例えば、生活保護の受給家庭で、贅沢な嗜好が満たされないと効用が低下する夫が他の家族員よりも生活保護費を多く使う場合である。

こうしたロールズの生活水準の評価は、功利主義の持っていた効用主義の主観主義から、人々の権利、自由と機会、所得と富、自尊心等の客観主義的なものに考え方を転換させ、結果や成果における不平等から、機会や自由における不平等へと関心を向けさせる事になった点において評価できるが、全く問題がない訳ではない。つまり、アマルティア・センが指摘されているように、基本財の保有は、福祉と自由に重要な関係を持っている事は確かだとしても、それらを直ちに福祉的自由と同一視する事は基本的な問題点が内在していると言える。と言うのは、人間の持つ多様性や、両者を結びつける多元的な媒介条件を考慮しない点で重大な問題点が存在している。福祉と自由は、これらの媒介条件に含まれる様々な条件、例えば、個人間の異質性、環境の多様性、社会環境の変化、関係についての考え方や家庭内の分配の相違等、個人責任に帰す事

が出来ない事柄や不確実な予期できない変化等、広範な変化の影響を受けるのであり、譬えそれら基本財ないし機会が与えられたとしても、人の機能（機能とは、人々がすでに達成している状態の有り様を機能と呼ぶ）に変換でき、選択する自由に結びつける事ができるかどうかは十分な考慮が必要なのである[11]（傍点、筆者）。

③ケイパビリティ・アプローチ

　アマルティア・センは、生活水準（福祉水準）をロールズのように基本財の保有状態だけで評価するのは妥当でないとし、基本財の量の過不足だけでなく、それらの基本財の特性（固有価値）を機能に転換させる能力も合わせて評価されるべきだと強調した。こうした視点によって、「福祉政策を考える場合、最も重要な理念として、平等を挙げる事ができるが、それは、社会的資源の分配、その利益配分に関するもので、資源と機会をいかに平等化するかという事を意味する[12]」事を考えるならば、基本財の側面のみの生活水準の評価に疑問を持つ事ができる。

　つまり、アマルティア・センのケイパビリティ・アプローチは、基本財そのものでも、その結果生じる効用でもなく、人間の機能、その在り方及び生き方に重点を置いているのである。そして、潜在的に達成可能な種々の機能の広がりをケイパビリティと呼んだ。アマルティア・センによれば、このケイパビリティこそ、生活水準を最も反映した評価の次元であり、その拡大こそ福祉の目的とした。そして、財（手段）の特性（固有価値）を機能の実現（成就）へと移す変換の時には、多様な個人的及び社会的な要因に注目すべきだとした。例えば、「栄養摂取の達成という場合には、この変換は、①代謝率、②体のサイズ、③年齢、④性（女性の場合には、妊娠しているか否か）、⑤活動水準、⑥（寄生虫の存在・非存在を含む）医学的諸条件、⑦医療サービスのアクセスとそれを利用する能力、⑧栄養学的な知識と教育、⑨気候上の諸条件、などの諸要因に依存する。社会的な行動を含む機能の実現や、友人や親戚をもてなす

という機能の実現の場合には、この変換は、①ひとが生活する社会で開かれる社交的会合の性格、②家族や社会におけるひとの立場、③結婚、季節的祝宴などの祝宴や葬式などその他の行事の存在・非存在、④友人や親戚の家庭からの物理的距離などの要因に依存する……[13]」等である。それ故、人は同じレベルの基本財（手段）を保有していても、同じ機能の達成は保証されない。つまり、基本財（手段）の特性（固有価値）を機能へと実現（成就）させるケイパビリティが人によって、あるいはその人の置かれている地域環境・社会環境によって異なるからである。同じ所得であっても、その人が基礎的な福祉・教育・医療等にアクセスを持っているかどうかに依存するし、同じカロリーを摂取していても、その人の労働量、体の大きさ、性別、年齢、健康状態等によって「栄養を満たす」と言う機能が達成されているかどうかはわからない。つまり、財（手段）の特性（固有価値）を望ましい価値に変換するケイパビリティが多様な個人的・地域的・社会的条件に制約されているのである。

　そして、社会福祉の領域において使用されている福祉ニーズに対する批判も、財（手段）の特性（固有価値）を「変換する能力」との関連で次のように行っている。アマルティア・センは、所得（手段）の枠組みを超えて人間の基本的な生存能力に焦点を当てる点において、福祉ニーズは一見、ケイパビリティ・アプローチと類似しているものの、次のような相違点があると指摘する[14]。第一に、福祉ニーズは、あくまでも財によって定義されるが、ケイパビリティはその財の利用能力も含めて定義される事。第二に、福祉ニーズと言う言葉は受動的であって、その人に何がしてあげられるかと言う点が注目されるのに対して、ケイパビリティ・アプローチは、その人に何ができて、何ができないか、と言う自由で能動的な人の位置づけが可能になる事。第三に、武川正吾氏が指摘されているように、「ニードという言葉を用いると、社会福祉や社会政策に関する議論を私たちの日常生活から切り離してしまうことになりかねない。というのは、ニードという言葉は必要と違って、私たちが日

常生活のなかでは用いない言葉であるからだ。私たちは『休息が必要だ』という言い方はするが、『休息に対するニードがある』という言い方はしない[15]。」

ところで、この人間のケイパビリティに注目したアマルティア・センの議論は、「人間開発」の概念の発展・普及に強く影響し、1990 年に国連開発計画が作成した「人間開発指標」の概念的基礎を提供する事になった[16]。アマルティア・センの議論を児童家庭福祉と関連して要約すると、アマルティア・センによれば児童家庭福祉とは即ち、子どものケイパビリティを拡大する事である。つまり例えば、生活保護費等の存在そのものは手段にすぎず、児童家庭福祉（well-being）が図られているかどうかは、児童福祉及生活保護費等の特性（固有価値）を活かして、子どもが実際に成就するもの──彼／彼女の「状態」（being）はいかに「よい」（well）ものであるか──に関わっている[17]ので（傍点、筆者）、また子どもが置かれている個人的・地域的・社会的条件は多様であるから、児童家庭福祉及生活保護費（手段）等のみの評価に固執すると、手段を福祉（well-being）の目的に変換する生活手段の不足・欠如から関係派生的に生成してきた生活活動（機能）の基盤である潜在能力（人間らしい健康で文化的な抽象的人間生活力）維持・再生産・発達・発揮の阻害（子どもの潜在能力の不足・欠如）を見過ごしてしまう。それゆえ子どもの生活水準の評価は、人間らしい健康で文化的な生活手段（児童家庭福祉及生活保護等）の量的及び質的保障の側面と、生活手段の特性（固有価値）を活かして、子どもが人間らしい生活が可能になるような生活活動（機能）のケースワーク支援（ケースワーク労働）の側面の統一的視点を基礎に行わなければならないと言える。

しかし、アマルティア・センのケイパビリティ・アプローチには全く問題点がないと言う訳ではない。問題点は少なくとも二つある。一つは、ケイパビリティの集計を巡る問題である。もう一つは、評価の主体を巡る問題である。

前者においては、個人レベルと共同体レベルが考えられるが、アマルティア・センが想定しているレベルは殆ど個人レベルであり、しかも個人のある一つの能力が説明の対象になっている。しかし、子どもは通常、複数の種類のケイパビリティを持ち、その中から選択して機能を実現する。したがって、諸能力間の相互関係が明らかにされないと、総合的に見てその子どものケイパビリティが拡大しているのか、そうでないのかの評価が難しくなる。次に共同体レベルのケイパビリティの集計を考えてみよう。共同体レベルから潜在能力を考える場合、単に個人の子どもの集計に限定されるのではなく、集団の子どもとしての共同体に固有の機能・能力も視野に入れる必要がある。つまり、個人の子どもの能力もさる事ながら、その子どもが生活している共同体の纏まりや力及び集団での相互作用が個々の子どもの生活の質に深く関係してくる。そして、特定のケイパビリティ（地域福祉活動への参加能力等）を福祉教育によって拡大しようとする場合、集合的な子どもの能力と個人の子どもの能力のどちらにウエイトをおいてどのように働きかけるかと言った対象単位の考慮は重要であるが、残念ながらアマルティア・センはこの点に触れていない。

　後者においては、生活水準の基礎となる評価の担い手が多くの場合、例えば、子ども自身ではなく児童家庭福祉労働者や児童家庭福祉支援者であるからである。そして、この場合に問題になるのは、児童家庭福祉労働者や児童家庭福祉支援者と子どもとの間に、生活水準の現状評価、そしてそれに基づく児童家庭福祉労働（児童家庭福祉支援）計画に認識のズレが生じた時である。ここでは、議論の出発点として、まず児童家庭福祉労働（児童家庭福祉支援）の方向を巡る生活水準の評価に携わるのは児童家庭福祉労働者・児童家庭福祉支援者に限られるべきなのか、それとも児童家庭福祉労働（児童家庭福祉支援）の対象である子どもも担うべき一定の役割を持っているのか、と言う問題を考察しておこう。この問題が重要なのは、最近、子どもの参加や自己選択・自己決定が強

調されている風潮の中で(子どもの自己選択・自己決定は重要であるが)、児童家庭福祉労働者・児童家庭福祉支援者の役割が曖昧になってきていると思われるからである。ここで敢えて単純に、評価者を当事者と当事者外に分類して、それぞれの利点と問題点を整理してみる。まず当事者が評価を行う利点は、児童家庭福祉労働(児童家庭福祉支援)を享受する側の立場から、児童家庭福祉労働(児童家庭福祉支援)の実施がもたらす生活水準での変化の意味について最も敏感で、より享受しやすい変化について現実的な提言を行いうる立場にある事、また、自らの生活水準の方向性について自己選択・自己決定を行う権利を有している事である。一方、問題点とは、当事者が必ずしも自らの生活水準を客観的に評価するのに相応しくない事がある事等である(この意味では、当事者外も積極的な役割を果たす余地があると言える。しかし、当事者外が生活水準を客観的に評価する事に優れている場合であっても、そのような営みの実質的な意味付けはあくまでも当事者自身が行うものであり、当事者自らの目で見た生活水準の発展と意義を認識する必要がある)。ケイパビリティ・アプローチを生活水準に適用するには、当事者が中心とならなければならないが、しかし、当事者外の役割を完全に否定するものではない。そして、当事者外の側は、常に当事者の側との合意の範囲において、その時々の生活水準の目標を追求すべきである。

(3) ケイパビリティ・アプローチに基づく児童家庭福祉の課題

　ケイパビリティ・アプローチに基づく児童家庭福祉の課題は、どのような事が考えられだろうか。次のような児童家庭福祉の課題が考えられる。

　アマルティア・センのケイパビリティ・アプローチは、多様性を持った子どもの生活水準の評価において、そのような多様性及び異質性を十分考慮に入れる事であって、一つの同質的な測定基準としての生活手段(例えば、所得等)のみに焦点を当てたり、ましてや効用や基本財の保

有のみの評価を批判的に克服する事であった。また、多元的なケイパビリティに関係する生活手段の補完的情報を活用する事である。それらには、子どもの生死に関係する決定的なものもあれば、効用や基本財の保有等では捉えられない疾病率、識字率、良質な住宅、栄養を無視した食物、綺麗な水、空気など子どもの生活の質に関係する様々なものが含まれる。そしてそれらは、市場によって提供されるものもあれば、公共財、家族内や地域の共同体的な慣行、さらにボランティア活動や非営利活動等によって提供されるものもある。その際、ケイパビリティ・アプローチによって生活手段の情報基礎を拡大し、理性的存在としての親の判断に基づくならば、様々に異なる情報源を、個々別々にあるいは統合して用いる事によって子どもの生活水準が高まっていくのである。

　しかも重要な事は、子どもは児童家庭福祉労働（児童家庭福祉支援）においては客体であるばかりでなくその主体でもある事である。つまり、児童家庭福祉労働者・児童家庭福祉支援者にとって子どもは客体であるが、子どもにとって生活手段や児童家庭福祉労働者・児童家庭福祉支援者は客体である。と言うのは、子どもにとって、生活手段や児童家庭福祉労働者・児童家庭福祉支援者との関係において、主体者として主体的にそれらの固有価値を活用して、人間らしい健康で文化的な生活活動（機能）の基盤である潜在能力（抽象的人間生活力）の維持・再生産・発達・発揮を成就しうるには、子どもの側に生活手段や児童家庭福祉労働者・児童家庭福祉支援者等についての受動的・享受能力（ケイパビリティ）と能動的・評価能力（ケイパビリティ）が形成され（アマルティア・センの共同研究者であるマーサC.ヌスバウム氏は、機能と密接な関係があるケイパビリティを次のように指摘している。「①**生命**【正常な長さの人生を最後まで全うできること。人生が生きるに値しなくなる前に早死にしないこと】、②**身体的健康**【健康であること、そしてリプロダクティブ・ヘルスを含む。適切な栄養を摂取できていること。適切な住居にすめること】、③**身体的保全**【自由に移動できること。主権者として扱わ

れる身体的境界を持つこと。つまり性的暴力、子どもに対する性的虐待、家庭内暴力を含む暴力の恐れがないこと。性的満足の機会および生殖に関する事項の選択の機会を持つこと】、④**感覚・想像力・思考**【これらの感覚を使えること。想像し、考え、そして判断が下せること。読み書きや基礎的な数学的訓練を含む。もちろん、これだけに限定されるわけではないが、適切な教育によって養われた〝真に人間的な〟方法でこれらのことができること。自己の選択や宗教・文学・音楽などの自己表現の作品や活動を行うに際して想像力と思考力を働かせること。政治や芸術の分野での表現の自由と信仰の自由の保障により護られた形で想像力を用いることができること。自分自身のやり方で人生の究極の意味を追求できること。楽しい経験をし、不必要な痛みを避けられること】、⑤**感情**【自分自身の周りの物や人に対して愛情を持てること。私たちを愛し世話してくれる人々を愛せること。そのような人がいなくなることを嘆くことができること。一般に、愛せること、嘆けること、切望や感謝や正当な怒りを経験できること。極度の恐怖や不安によって、あるいは虐待や無視がトラウマとなって人の感情的発達が妨げられることがないこと、このケイパビリティを擁護することは、その発達にとって決定的に重要である人と人との様々な交わりを擁護することを意味している】、⑥**実践理性**【良き生活の構想を形作り、人生計画について批判的に熟考することができること【これは、良心の自由に対する擁護を伴う】、⑦**連帯**【Ａ　他の人々と一緒に、そしてそれらの人々のために生きることができること。他の人々を受け入れ、関心を示すことができること。様々な形の社会的な交わりに参加できること。他の人の立場を想像でき、その立場に同情できること。正義と友情の双方に対するケイパビリティを持てること、このケイパビリティを擁護することは、様々な形の協力関係を形成し育てていく制度を擁護することであり、集会と政治的発言の自由を擁護することを意味する】　Ｂ　自尊心を持ち屈辱を受けることのない社会的基盤をもつこと。他の人々と等しい価値を持つ尊厳のある

存在として扱われること。このことは、人種、性別、性的傾向、宗教、カースト、民族、あるいは出身国に基づく差別から護られることを最低限含意する。労働については、人間らしく働くことができること、実践理性を行使し、他の労働者と相互に認め合う意味のある関係を結ぶことができること】、⑧**自然との共生**【動物、植物、自然界に関心を持ち、それらと拘わって生きること】、⑨**遊び**【笑い、遊び、レクリエーション活動を楽しむこと】。⑩**環境のコントロール**【**A政治的**　自分の生活を左右する政治的選択に効果的に参加できること。政治的参加の権利を持つこと。言論と結社の自由が護られること。**B物質的**　形式的のみならず真の機会という意味でも、土地と動産の双方の】資産を持つこと。他の人々と対等の財産権を持つこと。他者と同じ基礎に立って、雇用を求める権利を持つこと。不当な捜索や押収から自由であること】」Martha C. Nussbaum【池本幸生・その他訳】『女性と人間開発―潜在能力アプローチ―』岩波書店、2005年、92−95頁)、それが引き出されなければならない事を示唆しているし、その事が課題でもある。

　以上、アマルティア・センのケイパビリティ・アプローチを踏まえて児童家庭福祉労働・児童家庭福祉支援における子どもの生活水準の問題を考える場合、次のように考えるのが妥当だろう。つまり、児童家庭福祉労働・児童家庭福祉支援における子どもの生活水準の問題を考える場合、所得も含めた生活手段の不足・欠如の生活水準の問題の側面と生活手段の不足・欠如から関係派生的に生成してきた子どもの生活活動（機能）の基盤であるケイパビリティの不足・欠如の生活水準の問題の側面の統一的視点が重要であり、しかも両者の関係（機能）にも注目していく必要があると言える。前者の問題は、例えば労働者階級の親の子どもを例として考えると、彼／彼女らは自らの労働力の使用権の販売によって得た賃金によって労働者階級等が生産した生活手段・生活サービス（商品）を購入しないと生きていけないところに、社会問題（社会問題の「社会」は、現代資本主義社会の生産様式に見られるように、経済的必然性

によってもたらされる問題と言う意味である[18]）としての生活水準の問題の基本的要因が内在していると言える。後者は前者から関係派生的に生成してきた生活水準の問題と言える。つまり、親の貧困によって所得（生活手段）等の不足・欠如の為に、子ども家庭が人間らしい健康で文化的な生活を営んでいく食物を購入できないため、子どもが虚弱な身体や内臓疾患等の生活活動（機能）の基盤であるケイパビリティの不足・欠如になり、食物の特性（固有価値）を活かして栄養バランスのある食物摂取を行う言う行為ができないと言う事である（子どもが栄養の適正な摂取を困難にするような内臓疾患を持っていれば、人間らしい健康で文化的な生活活動【機能】の基盤である潜在能力【抽象的人間生活力】の維持・再生産・発達・発揮の阻害の生成である）。

それ故、生活保護を例にして考えれば、多様な子どもの生活水準の問題に注目し（ここにケースワークの専門性が必要とされる）、しかも生存権的平等保障を根拠[19]として、健康で文化的な生活が可能な生活保護費も含めた生活手段・生活サービスの保障だけでなく、生活保護費も含めた生活手段及び生活サービスを児童家庭福祉の利用者が健康で文化的な生活（ケイパビリティ＝潜在能力【抽象的人間生活力】の維持・再生産・発達・発揮の成就）に変換させる生活活動（機能）の基盤であるケイパビリティも合わせて支援していく事が重要であると言える。もし仮に子どもの生活活動の基盤であるケイパビリティの維持・再生産・発達・発揮の阻害（子どもの潜在能力の不足・欠如）があれば、子どもの前述した生活活動（機能）の基盤であるケイパビリティの補填や向上（発達）が課題となる。

そして、福祉教育が「日常的な生活課題や福祉課題などについて、個人レベル、家族レベル、地域レベルでの生活・福祉課題の解決力を醸成していくための主体的な学習活動である。また、共生の思想と社会的に疎外される事が多い社会福祉問題との連携から、地域問題、家庭問題などの解決を個人の自助から社会的、意図的な対応・活動として捉え、参

加と協働を促す過程である[20]」とするならば、福祉教育は子どもの生活活動（機能）の基盤であるケイパビリティの養成と向上の実践（福祉労働）として重要な福祉臨床的実践（福祉労働）になりうるし、その例として児童家庭福祉分野とは違うが、次のような障害のある人の福祉施設（社会福祉法人大木会あざみ寮）における実践（福祉労働）が挙げられる。「単に『生きているだけ』ではなく『人間らしく生きる』ことが求められているのは言うまでもありません。人間らしく生きるために、憲法では多くの権利を保障しています。この人間らしく生きる権利の一つに『学ぶ』権利があります。どんなに障害が重くても学ぶ権利があるのです、…学ぶことは、人間らしく生きること、さらにより豊かに生きることを、障害の重い人たちの分野でも証明しているのです[21]。」それ故、児童家庭福祉利用者の生活活動（機能）の基盤であるケイパビリティの不足・欠如を補填する児童家庭福祉労働（児童家庭福祉支援）や福祉教育の具体的な保障（児童家庭福祉臨床的労働・児童家庭福祉実践の課題）と個々の子どもが人間らしい健康で文化的な生活（人間らしい健康で文化的な生活活動【機能】の基盤であるケイパビリティ＝抽象的人間生活力の維持・再生産・発達・発揮の成就）が営める所得も含めた生活手段・生活サービスの保障は、今後の児童家庭福祉（児童家庭福祉は、児童家庭福祉臨床的実践・児童家庭福祉労働と児童家庭福祉政策的実践・児童家庭福祉労働の統一体的児童家庭福祉実践・児童家庭福祉労働である）の課題である。

【注】
1) ここでは、援助と支援の意味の違いを考慮して、支援の言葉を使用する。つまり、福祉利用者を物事の中心に据えたとき、援助と言う概念には、援助者側からの一方的で上から福祉利用者を見下す上下関係としての「たすけ（援け、助け）」の構造がある。一方、「支援」と言う概念には、福祉利用者の意思を尊重し支え、その上で協力を行うと言う、福祉利用者主体の考え方が内在している。Bill ,Worrell., 河東田博・その他訳『ピープル・ファースト:支援者のための手引き』（現代書館、1996年、92頁）。

2）関嘉彦編『ベンサム,J.S.ミル』（世界の名著49、中央口論社、1976年、81頁）。
3）小野秀生著『現代福祉と公共政策』（文理閣、2002年、68頁）。
4）小野、前掲書、69頁。
5）アマルティア・センは、1998年にノーベル経済学賞を受賞した。現在はハーバード大学に勤務している。
6）Sen,Amartya.,大庭健・その他訳『合理的な愚か者』（到草書房、1989年、145-148頁）。
7）Rawls,J.,矢島釣次訳『正議論』（紀伊国屋書店、1979年）。
8）Rawls,J.,田中成明訳『公正としての正義』（木鐸社、1979年、133頁）。
9）Rawls、前掲書、166-167頁。
10）忍博次著『自立・人間復権の福祉を求めて』（筒井書房、1999年、52頁）。
11）Sen,Amartya.,石塚雅彦『自由と経済開発』（日本経済新聞社、2000年、81頁）。
12）三重野卓「福祉政策の公平・効率性と社会計画」（三重野卓・その他編『福祉政策の理論と実際』東信堂、2000年、17-18頁）。
13）Sen,Amartya.,前掲書、41-42頁。
14）Sen,Amartya.,鈴木興太郎訳『福祉の経済学』（岩波書店、1988年）。
15）武川正吾著『福祉社会』（有斐閣、2001年、33頁）。
16）西川潤著『人間のための経済学』（岩波書店、2000年、288-309頁）。
17）Sen,Amartya.,鈴木興太郎訳、前掲書、41-42頁。
18）真田是「社会福祉の対象」（一番ケ瀬康子・その他編『社会福祉論』有斐閣、1968年、45頁）。
19）生存権的平等は、「一般国民が、……老齢の原因によって、一時的にせよ、また永久的にせよ、生活が脅かされたときに、労働者や一般国民の基本的な社会的権利として、正常な生活を営めるように、所得の保障あるいは現物のサービスという手段で、国家が措置」（吉田秀夫著『社会保障入門』労働旬報社、1967年、39頁）しなければならない事を意味する。そして、福祉水準の具体的内容は、「決して固定的なものではなく、通常は絶えず進展向上しつつあるものと考えられるが、それが人間としての生活の最低限度という一線を有する以上、理論的には特定の国における特定の時点において、一応、客観的に決定すべきであり、またしうるものであるということができよう。―中略―その2は、その時々の国の予算の配分によって左右されるべきものではないということである。予算を潤沢にすることによって、最低限度以上の水準を保障することは立法政策としては自由であるが、最低限度の水準は決して予算の有無によって決定されるものではなく、むしろこれを指導支配すべきものである（高野範城著『社会福祉と人権』創風社、2001年、50-53頁）。
20）日本地域福祉学会編『地域福祉事典』（中央法規出版、1997年、217頁）。
21）橋本佳博・その他著『障害をもつ人たちの憲法学習』（かもがわ出版、1997年、42頁）。

5. 子どもの貧困

(1) はじめに

　2009年にNHKが「NHKスペシャル」及び「クローズアップ現代」等の番組で子どもの貧困を取り上げ、世論の関心が一気に高まった。2013年6月には衆議院及び参議院ともに全会一致で「子どもの貧困対策の推進に関する法律」が可決された。重要な事は、子どもを個々の家族の私有物として捉えるのではなく、社会の子どもとして捉えしかも個々の家族の貧困が子どもの不利を招かないように、「家族の貧困を緩和し、家族の負担を和らげ、子どもの主体的な人生の形成を社会が共同で支えることがだということ」（松本伊智朗編『「子どもの貧困」を問いなおす』法律文化社、2017年、4頁）である。そして、「近年、子どもの貧困への関心が高まり、学習支援や子ども食堂など地域を巻き込んだ取り組みや支援の輪が広がっている。………。しかし、このような活動は、必ずしも貧困そのものの解消をめざす"反貧困"の取り組み[1]、」（傍点、筆者）が出来ていない。そして、「子どもは一般的に親（労働者—挿入、筆者）と暮らしており、子どもの貧困率の上昇は、子どもを養育している親（労働者—挿入、筆者）の貧困率の上昇と密接に関連して[2]」おり、子どもの貧困の土台である親（労働者）の貧困は今なお、拡大しているし、貧困の拡大を反映して、貧困の論文や著書も増えている。しかし、従来の貧困の論文や著書は親（労働者）の階級（階級とは、一定の歴史的な社会的生産体制のなかでしめる地位のちがい、生産手段にたいする関係のちがい、社会的労働組織のなかでの役割のちがい、したがって社会的富をうけとる方法とわけまえの大きさのちがいなどによって区

別される人間集団のことである〔社会科学辞典編集委員会編『社会科学辞典』新日本出版、1967年、20頁〕）的貧困（階級的貧困とは次のような意味である。生産の中核が資本制生産関係【資本・賃労働関係】に基づき、利潤を目的とする大規模商品生産に組み込まれた社会である。人間〔労働者〕及び子どもと社会の再生産に必要とされるあらゆる生活必需品が、商品として生産され市場で売買されるのみならず、人間〔労働者〕の労働力自体が商品化〔賃労働〕されるところに、この資本主義社会における生産様式〔生産の仕方を生産様式という。生産様式は生産力と生産関係との様式との統一で、一定の生産力と生産関係とからなりたつ〕の特徴は存在する。生産手段及び生活手段から疎外された労働者階級は、生活手段を自ら生産することができなくなった。その為、自己の労働力商品の使用権を売り、賃金を得て生活手段を購入せざるをえないと生きていく事ができないところに絶対的貧困がある[3]）を看過した子ども階層（性、年齢、財産、職業、学歴等の尺度によって序列化された社会層）の貧困の結果論が殆どであり、しかも後述するアソシエーション社会（生産手段の労働者の共同的占有と管理・運営の下での生産物〔生活手段〕の個人的所有）を展望した克服論が欠けているように思われる。そして、従来の子どもの貧困論は親（労働者）の所得のみを基準にした貧困論であり、筆者が後述するように、親（労働者）の所得（賃金）等の生活手段（社会保障も社会保障〔生活保護・児童手当・児童扶養手当等〕を利用する子どもにとって生活手段であるが、一般的な生活手段と違って、子どもの享受の潜在能力等を引き出してくれる特殊な生活手段である）の不足・欠如から関係派生的に生成してきた子どもの生活活動（機能）の基盤である人間らしい健康で文化的な潜在能力（抽象的人間生活力〔子どもが生活の際に支出する脳髄・筋肉・神経・感官等の生活力を意味する〕）の維持・再生産・発達・発揮の成就の阻害あるいは子どもの潜在能力（capability）の発揮力（顕在化力）によって福祉（well-being）に変換していく機能（functioning）の貧困問題の機能的把握の側

面が看過されていた。

　それゆえ本著書では、子どもの貧困問題を親（労働者）の所得等の生活手段の不足・欠如の問題と子どもの生活の目的（子どもの生活活動【機能】の基盤である人間らしい健康で文化的な潜在能力の維持・再生産・発達・発揮の成就）の阻害も含めて両側面（手段と目的）を統一的に捉えていく。そしてより一層重要な事は、この本著書を理論的武器として、子どもの貧困の現状を変革（克服）していく事である。つまり、子どもの貧困を様々に解釈するだけではなく、肝心なのは政府や自治体、政党、社会運動団体等の政策や運動方針に影響して、子どもの貧困の現状を変革（克服）していく児童家庭福祉労働及び社会運動を展開していく事が重要である。

(2) 子どもの貧困の土台である親（労働者）の貧困の主要な社会的原因

　最初に子どもの貧困の結果の事実（科学は、理念・思弁や仮定等から出発するのではなく、事実から出発するので）の現象（所得のみを基準にしたものであるが）を以下のように見る事が出来る。

　「子どもの貧困率は、18歳未満の子どもで15.7％（2010年OECD〔経済協力開発機構加盟―挿入、筆者〕34カ国中25位）である。また、2014年のOECD〔経済協力開発機構加盟―挿入、筆者〕の報告によると、子どもがいる現役世帯のうち大人（労働者―挿入、筆者）が1人の世帯の相対的貧困率は、日本が50.8％でOECD〔経済協力開発機構加盟―挿入、筆者〕中最も高かった（日本の数値は2009年）[4]」

　こうした子どもの貧困状況の事実を反映して、子どもの貧困論の議論も活発になってきた。そして岩田正美氏が指摘されているように、「貧困は、『社会にとって容認できない』とか『あってはならない』という価値判断を含む言葉である[5]。」（傍点、筆者）だとすれば、貧困問題はただ単に解釈するだけではなく克服（変革）していく事が重要である。

さらに、岩田正美氏は、貧困の定義を次のように行っている。「貧困は、人々（労働者達—挿入、筆者）が生活するうえでの何らかの『容認できない欠乏状態』を意味している。一般にこの欠乏状態とは、衣食住など生活に必要な物質財（生活手段—挿入、筆者）の欠乏で、したがってこれを取得するための所得（生活手段—挿入、筆者）の低さとして把握されてきた。だが、貧困はこのような物的財（生活手段—挿入、筆者）の欠乏だけではなく、心身の健康、社会関係、生活機会など、あらゆる生活における欠乏状態を含む[6]」と定義を行っているが、貧困問題の構造的[7]把握及び機能的[8]把握の統一的把握に基づいた貧困論を論じていない。しかも前述したように、最近の貧困論・アンダークラス論は殆ど結果論であり、親（労働者）の貧困が現代資本主義社会の生産様式の関連の下でどのように生成してきているかその社会的原因が看過されたものが多い。以下では、社会的原因である相対的過剰人口、恐慌、親（労働者）の労働力の価値の劣悪化による貧困の生成を述べていきたい。

①相対的過剰人口による貧困の生成

ところで労働者（親）にとって、賃金は人間らしい健康で文化的な最低限度の生活（憲法第25条）を維持する為の生活手段を購買する為の手段であるが、その生活手段の不足・欠如の状況（例えば、失業等によって賃金及び所得の不足・欠如）が主に現代資本主義社会の生産様式から次のように主に必然的につくり出される。宮川実氏が述べられているように、資本の有機的構成（資本の技術的構成〔生産手段と労働者との比率〕と資本の価値構成〔不変資本と可変資本との比率〕との二つを含み、資本の構成と呼ぶ。生産力の発展とともに生産手段の分量が増加して技術構成が高くなった場合、一般的には、不変資本の額も増加して、可変資本に対する不変資本の割合である価値構成も高度化する。この相互関係を表すものが、資本の有機的構成である。）を高度化し生産手段の部分の比率を増大させる傾向をもち、その結果、相対的過剰人口（失業者

【貧困者】）を必然的に生成させる[9]。つまり、カール・マルクスが指摘されているように、総資本の「増大する蓄積と集中とは、それ自身また資本の構成の新たな変化の、すなわち資本の不変成分（生産手段—挿入、筆者）に比べての可変成分（労働者—挿入、筆者）のいっそう速くなる減少の、１つの原泉になるのである。このような、総資本の増大につれて速くなり、そして総資本そのものの増大よりももっと速くなるその可変成分の相対的な減少は、他面では、反対に、可変資本すなわち労働者人口の雇用手段の増大よりもますます速くなる労働者人口の絶対的な増大のように見える。そうではなく、むしろ資本主義的蓄積は、しかもその精力と規模とに比例して、絶えず、相対的な、すなわち資本の平均的な増殖欲求にとってよけいな、したがって過剰な、または追加的な労働者人口を生みだす[10]。」こうした「相対的過剰人口（相対的過剰人口は、産業予備軍として活用され、賃金や労働条件を資本の価値増殖欲の範囲内に留める機能をはたしているが、ワーキングプアや非正規労働者等の労働問題が最も良い例である—挿入、筆者）には、考えられるかぎりのあらゆる色合いで存在するどの労働者も、彼が半分しか就業していないか、またはまったく就業していない期間は、相対的過剰人口に属する。相対的過剰人口がときには恐慌期に急性的に現れ、ときには不況期に慢性的に現れるというように、産業循環の局面変換によってそれに押印される大きな周期的に繰り返し現れる諸形態を別とすれば、それにはつねに三つの形態がある。流動的（流動的形態の過剰人口は、資本蓄積の過程で生産の縮小や新しい機械の導入等のため、一時的に失業した労働者を意味する—挿入、筆者）、潜在的（潜在的形態の過剰人口は、はっきりと失業というかたちをとらず潜在化している、没落する小生産者とくに貧農や雇農等を意味している—挿入、筆者）、停滞的（停滞的形態の過剰人口は、労働条件が不安定で劣悪なワーキングプアや非正規労働者等を意味する—挿入、筆者）形態である[11]。」「相対的過剰人口のいちばん底の沈殿物が住んでいるのは、受給貧民（生活保護基準以下の所得

の貧困者—挿入、筆者）の領域である。……受給貧民は、現役労働者軍の廃兵院、産業予備の死重をなしている。受給貧民の生産は相対的過剰人口の生産のうちに含まれており、その必然性は相対的過剰人口の必然のうちに含まれているのであって、受給貧民は相対的過剰人口とともに富の資本主義的な生産および発展の一つの存在条件になっている。……この産業予備軍が現役労働者軍に比べて大きくなればなるほど、固定した過剰人口はますます大量になり、その貧困はその労働苦に正比例する。最後に、労働者階級の極貧層と産業予備軍とが大きくなればなるほど、公認の受給貧民（生活保護を受給している貧困者—挿入、筆者）もますます大きくなる。これが資本主義的蓄積の絶対的な一般的な法則である[12]。」

このように、現代資本主義社会の生産様式においては、階級的かつ構造的に生活手段（賃金及び所得）の不足・欠如の側面の貧困問題が発生する。そして二宮厚美氏も指摘されているように、階級的格差と階層的格差の二重構造の把握が重要であるとすれば（従来の多くの格差論においては、階級的格差は看過されている）、子どもの貧困を考えていく場合においても、子どもの貧困の土台である親（労働者—挿入、筆者）の貧困問題の階級的貧困と子どもの階層的貧困の二重構造の把握が重要になってくる。つまり、「資本主義社会では、第一に資本原理にもとづく労使間の階級的格差[13]（貧困—挿入、筆者）関係が発展し、それと背中あわせになって第二に、市場原理にもとづく労働者内部の階層（子ども階層—挿入、筆者）的格差[14]（貧困—挿入、筆者）関係が拡大する、という一般的傾向が生まれることになる[15]。」と言う事である。前者の階級的貧困は、前述（相対的過剰人口）したように現代資本主義社会の生産様式によって生成させているものであり、次のような資本の現役労働者に対する低賃金分配率も意味する。福田泰雄氏が指摘されているように、「アメリカ、日本、フランス、ドイツ、スウェーデン、イギリスの6カ国の中で、日本の賃金率（時給）は、1970年から1999年の比較期

間の全期間にわたって最低位にあることがわかる。比較対象期間中、世界第2位の経済大国日本の賃金率が、……比較対象先進国の水準を上回ったことは一度もないのである。……日本の時給賃金は、ドイツの約60％の水準でしかない[16]。」また、「企業業績は、2006年度に売上高で前年度比3.9％増の1,566兆円4,329億円、経常利益も同5.2％増の54兆3,786億円といずれも過去最高を記録しているにもかかわらず（財務省〔法人企業統計調査〕）、日本の労働分配率（経常利益等に占める人件費の割合）は、1998年をピークに2001年以降減り続けている[17]。」後者の階層的貧困は、前者の階級的貧困から関係派生的に生成してくるものであり、法制度の助長によって労働者階級等の内部において貧困層がつくりだされている事を意味する（非正規雇用者層）。つまり、「一部の主力正社員以外は派遣や請負による非正規でまかない、それによって人件費を軽減して企業業績を好転させようとする経済団体連合会の提言どおりの労働法制の規制緩和や労働者派遣制度によって、2003年から2006年までの間に、劣悪な労働条件（低賃金や社会保険の無加入）のパートや派遣社員などの非正規雇用者が300万人増え、今や1,726万人、全体の33.7％にもなっている[18]。」「また、ワーキングプア状態にある人々の多くは年金に加入していないため、彼らがこの状態のまま高齢期に移行した場合、大きな困難に直面することは目に見えてい[19]」る。そして総務省の「就業構造基本調査」（2007年）によれば、「男性の年間250日以上の就業者は20,007万人、うち4人に1人は週60時間以上働いている。30代から40代では週60時間以上の割合は3割近くを占めている。うち半数は週65以上働いている。こうした長時間労働及び過重労働によって過労死、過労自殺を頻発させている[20]。」

②恐慌による貧困の生成

恐慌は、過剰生産恐慌を意味する。各企業は計画的に生産しているが、社会全体から考えれば無計画に生産し、過剰生産になる。つまり、「産

業資本が商品を作ります。普通だったら消費への販売が完了して、代金を受け取ってから（貨幣資本への転化）、その貨幣資本を投下して新たな生産過程に移る。………。ところが[21]、」「商人資本が銀行からお金をかりて購買の規模を拡大すれば、さらに広がります。世界市場を相手にして外国に売り出すと、生産の規模と最終的な消費需要との隔たりはさらに拡大し、現実の再生産過程が『架空の需要の需要』の上を走り矛盾はさらに累積してゆきます。それが頂点に達したときに、崩落が来[22]」て、恐慌が発生し、資本の再生産過程がまひし価格の崩落・企業の倒産と集中・生産力の破壊・失業と賃金切り下げなどをもたらされ、企業の倒産及び縮小によって失業が生成し貧困も生成してくる。このように恐慌は、「根本的には資本主義の基本矛盾にもとづく。すなわち、生産は社会的におこなわれて生産を飛躍的に発展させる条件があたえられているのに、生産の成果は資本家のものとなり、搾取をつよめ、労働者の個人的消費を制限するかたちでしか利用しえないからであり、その基礎上で資本どうしの無政府的競争がはげしくおこなわれるので、相対的な過剰生産がもたらされるからである[23]。」

③利潤を高めていく為の親の労働力の価値の劣悪化

　本来、親（労働者—挿入、筆者）の賃金の本質は労働力の価値である。そして労働力（抽象的人間労働力）の価値は、労働力の生産や再生産に必要な労働時間である。しかも生活諸手段を必要とする。したがって、労働力の生産に必要な労働時間とは、この生活諸手段の生産に必要な労働時間である。つまり、「労働力の所有者（親・労働者—挿入、筆者）は、今日の労働を終えたならば、明日もまた、力と健康との同じ条件の下で同じ過程を繰り返すことができなければならない。したがって同じ生活状態を維持するのに足りうるものでなければならない[24]。」しかも労働力の所有者（親・労働者—挿入、筆者）は死を回避する事はできない。労働力が継続される為には、現在の労働者（親）が生きている間に子ど

もを産み育てて、労働力の補充をしなければならない。したがって、「労働力の生産に必要な生活手段の総額は、補充人員すなわち労働者（親）の子ども達の生活諸手段を含む[25]」。さらに親の労働力の生産の為には、「一般的人間的な本性を、それが特定の労働部門における技能と熟練とに到達し、発達した独特か労働力になるように変化させる為には、特定の養成または教育が必要であり、それにはまたそれで、大なり小なりの学の商品等価物が費用としてかかる[26]。」このように親の労働力の生産及び再生産の為に必要な労働者（親）とその家族の生産費、教育費、養成費等が労働力の価値に含まれ、これが賃金の本質である。しかし、企業は相対的剰余価値（相対的剰余価値とは、労働日が一定でも必要労働時間の減少に伴って剰余労働時間が増大する結果として得られる剰余価値〔利潤〕の事である[27]）を高めていく為に、労働者家族の就業に基づく親の労働力の価値分割（共働き家族の増加[28]）、労働者（親）個人の労働力の価値劣悪化（労働条件〔低賃金、社会保険の無加入、教育費及び養成費の減少等〕の劣悪化）、子どもの教育費の減少、過密労働及び長時間労働の労働強化を促進し、貧困化を促進している。その例を挙げると、母子世帯の例が良い例である。「母子世帯の母親の就労形態は、『臨時・パート』『派遣』が36.8％であり、就労収入は年間平均収入181万円しかなく、年間平均収入100万円未満の世帯も28.6％も存在する[29]。」

　以上、階級的貧困によって親（労働者）の賃金及び所得等の生活手段の不足・欠如の問題が生成してくる。そしてさらに、貧困問題には、もう一つの側面がある。この側面は前述した階級的貧困による親（労働者）の賃金及び所得等の生活手段の不足・欠如の問題から関係派生的に生成してきた子ども階層の貧困における教育の経済問題（文部科学省の調査では、2005年度の全国就学援助受給者は約138万825人であり、親の財布の中身で教育の機会が決められている）がある。そして、『朝日新聞』（2006年1月3日付け）が、子どもの教育の経済問題を反映し

て、「貧困の為に就学援助を受ける率が7割に達した東京都足立区のある小学校の話として、卒業論文集を制作する為に、クラスの児童に将来の夢を作文させようとしたが、三分の一の児童が何も書けなかった[28]」と言う事を示されている。このように親（労働者）の賃金及び所得等の生活手段の不足・欠如から関係派生的に子ども階層の貧困及び子どもの潜在能力（capability）の維持・再生産・発達・発揮の阻害（子どもの潜在能力の不足・欠如）の問題が生成してくる。子どもの貧困問題への社会保障政策等を考えていく場合、親（労働者）の賃金及び所得等の生活手段の不足・欠如の問題の側面の把握だけではなく、親（労働者）の賃金及び所得等の生活手段を目的（子どもの生活活動〔機能〕の基盤である人間らしい健康で文化的な潜在能力の維持・再生産・発達・発揮の成就）に変換していく機能にも注目していく事が重要である。何故ならば、アマルティア・センが指摘されているように、「『福祉』（well-being）はひと（子ども―挿入、筆者）が実際に成就するもの―彼／彼女（子ども―挿入、筆者）の『状態』（being）はいかに『よい』（well）のものであるか―に関わっている[30]」（傍点、筆者）からである。また、野上裕生氏が指摘されているように、「ひと（子ども―挿入、筆者）が生きていることを実感できるのは、（生活手段の使用価値を活用して―挿入、筆者）日常の生活や社会活動を十分に行っている時の方が多い。そうすると、人（子ども―挿入、筆者）の福祉を見る時には、親（労働者―挿入、筆者）の賃金及び所得（生活手段―挿入、筆者）や余暇（生活手段―挿入、筆者）だけではなく、人（子ども―挿入、筆者）の生活活動（機能）の状況を詳しく見た方がよい。しかし、日本語の『福祉』や『幸福』といった言葉はひと（子ども―挿入、筆者）の具体的な活動から離れた抽象的なものになりがちである[31]。」（傍点、筆者）つまり、「ひと（子ども―挿入、筆者）は財や所得（資源）を使って生活上の必要を充たし、健康を維持し、その結果、歓びや失望を経験する。だからひと（子ども―挿入、筆者）の生活の良さを評価するには（貧困者＝子どもが貧困か

ら克服していく状況を評価するには—挿入、筆者)、このような人(親【労働者】及び子ども—挿入、筆者)の生活過程全般をきめ細かく見なければならない[32]。」

そして、二宮厚美氏が指摘されているように、「所得や財貨を平等に保障したとしても、人間(親〔労働者〕及び子ども—挿入、筆者)が千差万別であり、それぞれに生活事情の違いがある以上、人間(親〔労働者〕及び子ども—挿入、筆者)の側にある差異や不平等によって、なおさまざまな不平等が残ってしまう、という点であった[33]。」(傍点、筆者)つまり、アマルティア・センが指摘されるように、「たとえば、あるひと(親〔労働者〕及び子ども—挿入、筆者)が栄養の摂取を困難にするような寄生虫性の病気をもっていれば、他のひと(親〔労働者〕及び子ども—挿入、筆者)にとって十分過ぎるほどの食物を消費しえたとしても、彼/彼女(親〔労働者〕及び子ども—挿入、筆者)は栄養不足に苦しむかもしれないのである。ひと(親〔労働者〕及び子ども—挿入、筆者)の福祉について判断する際には、彼/彼女(親〔労働者〕及び子ども—挿入、筆者)が所有する財の特性に分析を限定するわけにはいかない。われわれは、ひと(親〔労働者〕及び子ども—挿入、筆者)の『機能』(functioning)にまで考察を及ぼさねばならないのである。財の所有、従ってまた財の特性に対する支配権は個人に関わることであるが、財の特性を数量的に把握する方法はその財を所有するひと(親〔労働者〕及び子ども—挿入、筆者)の個人的特徴に応じて変わるわけではない。自転車は、それをたまたま所有するひと親〔労働者〕及びが健康体の持ち主であれ障害者であれ、ひとしく『輸送性』と言う特性をもつ財として処理されてしまう。ひと(親〔労働者〕及び子ども—挿入、筆者)の福祉について理解するためには、われわれは明らかにひとの『機能』にまで、すなわち彼/彼女(親〔労働者〕及び子ども—挿入、筆者)の所有する財とその特性を用いてひと(親〔労働者〕及び子ども—挿入、筆者)はなにをなしうるかにまで考察を及ぼさねばならないのである。た

とえば、同じ財の組み合わせが与えられても、健康なひと（親〔労働者〕及び子ども―挿入、筆者）ならばそれを用いてなしうる多くのことを障害者はなしえないかもしれないという事実に対して、われわれは注意を払うべきなのである[34]。」（傍点、筆者）こうした観点は、親（労働者）及び子どもの貧困問題を考えていく場合でも適合する。

　これまで述べてきた事を要約して筆者の子どもの貧困の定義を行うならば、子どもの貧困とは、現代資本主義社会の生産様式の一般的法則によって親（労働者）の賃金及び所得等の生活手段の不足・欠如が生成し、親（労働者）の賃金及び所得等の生活手段の不足・欠如（親【労働者】の階級的貧困と子どもの貧困問題の構造的把握）と関係派生的に生成してきた子どもの潜在能力の発揮力（顕在化力）の不足・欠如（子どもの貧困問題の機能的把握）によって子どもが親（労働者）の所得（賃金）等の生活手段を子どもの生活活動（機能）の基盤である人間らしい健康で文化的な潜在能力の維持・再生産・発達・発揮の成就に変換ができる、あるいはなりうる事ができる生存権的平等（憲法第14、25条）及び幸福追求権（憲法12、13条）の自由が阻害された状態と言える（子どもの貧困問題の構造的把握及び機能的把握の統一的把握）。

（3）子どもの貧困問題の原因の克服（変革）策及び結果の緩和策

　前述においては、子どもの貧困問題の克服（変革）策と結果の緩和策を提案していく前提として、子どもの貧困問題の構造的把握（親〔労働者〕の階級的貧困と子どもの階層的貧困）及び機能的把握の統一的把握を述べてきた。そして、子どもの貧困問題に対する対策は、親（労働者）の貧困問題に対する対策を同時に行っていく必要があるが、その貧困問題の克服（変革）策及び結果の緩和策としては、次のような実践的かつ運動的課題が提案できる。

　まず第１点は、子どもの貧困問題に密接に関係している親（労働者）

の階級的貧困問題が存在しているので、親（労働者）の階級的貧困問題を克服していく事である。と言うのは、生産手段・生活手段が資本の所有にあり、その為に生産物（生活財貨や生活サービス等）と言う富の私的取得が可能になると言う仕組みに絶対的貧困の根源的問題があるので、また親（労働者）は労働の為に必要な労働諸条件から分離されているので（親〔労働者〕の労働力の商品化）、不破哲三氏が指摘されているように、「生産手段を社会の手に移すことが、現代社会における問題（階級的貧困問題—挿入、筆者）解決の合理的な仕方となる[35]」ことが将来の課題となる。つまり、生産手段を社会の手に移すことは、生産手段の社会化[36]（アソシエーション社会）である。また、聽濤弘氏が指摘されているように、「生産手段の私的・資本主義的所有を社会的所有に転化することである。これは一過的な『立法的措置』によって樹立される側面と、生産関係の総体としての社会的所有を持続的に確立していく側面とがあり、それぞれ区別されなければならない。前者は法的形態であり、後者は経済的実態である。経済的実態の内容は一過的な行為によって労働者（親—挿入、筆者）が生産手段の所有者になるというだけではなく、生産手段を労働者（親—挿入、筆者）が管理・運営することができ、労働者（親—挿入、筆者）が搾取から解放され生産の真の『主人公』になることを意味する[37]。」そして、「社会主義社会の経済的民主義を確立するために、生産手段の社会化の多様な具体的形態が考えられている。国家、地方自治体、協同組合、株式会社、労働組合、全社員自主管理等を基礎とする多様な所有形態が存在する[38]。」そして生産手段の社会化後（アソシエーション社会）は、「社会的総労働生産物のうち次のものが控除されると指摘されている。第一に、直接に生産に属さない一般的な管理費用。第二に、学校、衛生設備などのような、諸欲求を共同でみたすためにあてられる部分。第三に、労働不能なものなどのための、要するに、こんにちのいわゆる公的な貧民救済にあたることのための基金[39]」である。このように社会保障に必要な基金を社会的総労働生産物か

らあらかじめ差し引くとしている。

　第2点は、新たな社会的規制によって親（労働者）の賃金の源泉となる法人企業負担強化を図っていく事である。と言うのは、富を合理的に配分する手段（新たな社会的規制―挿入、筆者）をもっていないという社会的な欠陥がもたらした結果であるからである。そして、その結果の実態を諸外国と比較すると我が国の法人企業負担は大幅に低いことは前述した。つまり、再度、述べると、福田泰雄氏が指摘されているように、「企業にとっての利潤制約としての負担は、法人税、社会保険料だけではなく、賃金支払いがあり、その賃金コストが、生産された付加価値の配分において最大のシェアを占める。それゆえ、各国の国民経済計算を用いて、法人・準法人企業（corporate and quasi-corporate enterprises）部門が生産した所得（付加価値）を分母にとり、それに対する賃金、社会保険料、法人税の合計額の比率を『企業負担率』として、その国際比較を行うと、日本の企業負担率は、アメリカとほぼ等しく、ドイツ、フランス、イギリス等ヨーロッパ諸国の企業負担率と比べて大幅に低い[40]。」また、前述したように、「一部の主力正社員以外は派遣や請負による非正規でまかない、それによって人件費を軽減して企業業績を好転させようとする経済団体連合会の提言どおりの労働法制の規制緩和や労働者派遣制度によって、2003年から2006年までの間に、劣悪な労働条件（低賃金や社会保険の無加入）のパートや派遣社員などの非正規雇用者（親―挿入、筆者）が300万人増え、今や1,726万人、全体の33.7％にもなっているので、現役の労働者（親―挿入、筆者）と資本家間の富の分配の格差を克服していくことは重要である[41]。」

　第3点は、福田みずほ氏が指摘されているように、「税による所得分配機能を高めていく為には、所得税の累進課税の最高税率を75％、法人税率を最高42％に戻すことによって、年間2、3兆円の税金が国庫に入る計算になる[42]。」そして、課税最低限（課税最低限とは、国民が健康で文化的な最低限度の生活ができる金額である）を引き上げていく事

が重要である。つまり、現在の消費税との関連で述べるならば、福祉国家と基本法研究会（略称、基本法研究会と言う）が指摘されているように、「所得税累進率の回復・強化等の措置をとらないかぎり、ただ中間的所得層からの税収を特定の低所得層にまわすにすぎず、それだけ消費税率の引き上げ幅を大きくするからである[43]。」さらに不公平な消費税を上げずに不公平な税制を見直す必要がある。「不公平な税制をただす会」が指摘されているように、不公平税制の是正によって「2017年度の増収資産額は国の税金で27兆3,343億円、地方税で10兆6,967億円、合計38兆310億円になっています。」（不公平な税制をただす会編『消費税を上げずに社会保障財源38兆円を生む税制』大月書店、2018年、100頁）これだけの不公平税制の是正額があれば、少なくとも子どもの貧困の為の社会保障財源としては十分であると思われる。

　第4点は、伍賀一道氏が指摘されているように、さしあたり取り組むべきは、「第一は……。長時間残業を合法化する要因となっている労働基準法第36条を廃止し、残業を含む一日あたりの労働時間の上限を設定することが[44]」重要である。第二は、非正規雇用のままであっても社会保険（健康保険、年金保険等）の加入を法的に義務づけ、しかも「人間としての尊厳を維持できる最低限の生活を保障することは不可欠の課題です。それには最低賃金の引き上げが欠かせません。労働組合は時間あたりの最低賃金を1,000円に引き上げることを要求していますが、中小企業の経営にたいする支援の課題を含め、これを国民的合意にすることが大切で[45]」ある。第三は、「労働組合による『就業者と失業者とのあいだの計画的協力を組織』するためにさまざまな試みを講ずることで[46]」ある。例えば、「近年、首都圏青年ユニオンをはじめ、非正規雇用の若者を主な対象とした個人加盟のユニオンが各地で誕生し、不当解雇の撤回や未払い残業代を支給させるなどの成果を獲得して[47]」いる。そして親（労働者）の労働力の価値に等値した労働諸条件を勝ち取っていく為に、第1には正規労働者（親―挿入、筆者）と非正規労働者（親

―挿入、筆者）の分断を労働者自身や労働組合が克服していく事である。湯浅誠氏が指摘されているように、「正社員たちが非正規の人たちを軽視していたら、その声がテコとなって利用され、自分たちの首を絞めるという貧困スパラルの問題です。そして正社員の低処遇化、成果主義化を進めていく圧力になります。問題は、常に自分たちに跳ね返ってくるのです。非正規・正規という分け方ではなく、雇用全体をしっかり守ることが、ひいては自分たちの利益にも適うということを正規雇用の人たちは自覚し、問題を立てていく必要があります。正規と非正規の表面的な対立は、問題の本質を見えなくしてしまい、一部の経営者だけを利する結果につながっていきます、こういった点を、労働組合のナショナルセンター、連合（日本労働組合総連合会）や全労連（全国労働組合総連合）がどう捉え、動くのか。非正規の問題を黙認すれば、結果的に墓穴を掘ることになる。ここが非常に重要なポイントです[48]。」第2には福島みずほ氏が指摘されているように、「①労働者派遣事業法を改正して、派遣社員の直接雇用義務を強化していくこと、②同一価値労働同一賃金を保障すること、③最低賃金を引き上げていくこと[49]」である。また、「④公的支援による能力開発とキャリアラダー（キャリアの「ハシゴ」）の仕組みを確立すること[50]」である。

　第5点は、第2点と関連するが、我が国における法人企業負担が大幅に低い現状から考えると、新たに次のような企業に対して目的税＝社会保障税を課していく事が重要である。つまり、芝田英昭氏が指摘されているように、「原資は労働者（親―挿入、筆者）がつくりだした価値にしか存在しない。それは、社会的賃金であり、資本家が労働者（親―挿入、筆者）に対して当然配分すべきものである。具体的には、企業に対する目的税＝社会保障税（と名づける）として課せられるものとする。社会保障税率は外形標準としての人件費相当額の20％とする。中小零細企業には、特別税率、5％、10％を適用するなど、減免規定を設ける[51]。」また聴濤弘氏が指摘されているように、「福祉の財源がないなら剰余価

値から引き出せば良いのである。……。その上で若干具体的にみると現に大企業は250兆円（平成29年8月時点での内部留保は、406兆2,500億円に達している—挿入、筆者）もの内部留保を持っている。いま社会保障給付費は94兆849億円である（2008年）。部門別では医療費29兆6,117億円、年金49兆5,443億円、福祉その他14兆9,289億円である。内部留保を引き出せるなら、社会保障の面でも非正規社員問題でも巨大な事ができる事は明瞭である。問題はどのようにして引き出せるかである。賃上げ等の経済的手段で引き出せる方法がある。しかし直接、財源を確保する為には内部留保が違法に蓄えられているものでない以上、内部留保に課税できるように税制を変える必要がある[52]。」さらに「福祉財源の確保の為に金融投機を規制する金融取引税（トービン税）の導入も緊急の課題である。トービン税の提唱者であるアメリカのノーベル賞受賞経済学者ジェームス・トービン氏の試算では、1995年時点のアメリカで為替取引に0.1%の税を掛けただけで3k120億ドルの税収が得られるとしている[53]。」

　第6点は、阿部彩氏が指摘されているように、新規に「給付付き税額控除」を創設していく事が必要である。と言うのは、「貧困世帯の殆どは所得が低い為、所得控除は何の便益もない。しかし『税額控除』であれば、所得税の金額を直接減額する制度なので、所得階層にかかわらず同じ便益を得る事ができる。仮に、税額控除が10万円であるとすれば、100万円の所得税を納めるべき人は所得税が90万円に、10万円の所得税を納めるべき人は所得税が0円となる。特に脚光を浴びているのが、『給付つき』の税額控除で、これは、収めるべき税金の額が税額控除より少ない場合は、逆にその差額分を『給付』として受け取る事ができる制度である[54]。」また、児童扶養手当（離婚による一人親世帯等、父又は母と生計を同じくしていない児童の育成の為の手当）を拡充していく事である。何故ならば、「貧困率をより積極的に改善するには、貧困層をよりターゲットにした現金給付が必要である。まずは、依然として、

圧倒的に高い貧困率を示す一人親世帯について、さらなる現金給付の拡充が必要と考える。………より広く母子世帯・父子世帯をカバーする児童扶養手当の拡充は検討されるべきで[55]」ある。

　第7点は、社会保障を十分に機能させていく事である。と言うのは、「失業時に本来、まず利用するのが雇用保険のいわゆる失業給付であるが、2010年段階で失業者に対する失業給付のカバー率は二割強にすぎ[56]」ない。「また、失業保険が受給できない場合には、生活保護受給が低収入・無収入当事者の次に取り得る手段となる[57]」が、「補足率（貧困世帯に占める生活保護受給世帯の割合）は、………2007年には14.3％、12年には15.5％と増加したが、なお2割以下という低い水準であると試算している[58]。」「失業時の生活保障であるはずの失業手当と公的扶助が十分に機能しておらず、失業や低収入がダイレクトに貧困につながっているケースの多さを示唆している[59]」。それにも拘わらず、今野晴貴氏が指摘されているように、生活保護行政における水際作戦（生活保護支給関係に要保護者を入れないように、窓口で追い返す作戦）、保護受給中のハラスメント、保護からの追い出し（保護からの追い出しは、保護の終了過程で発生する。生活保護を必要としている困窮者を生活保護から追い出し、強制的に自立をさせること）等の違法行政が存在している[60]。現在の生活保護行政における違法行政は、第一に、生活保護制度からの逸脱によって日本社会全体を貧困化し生活保護費そのものを増大させ、第二に、違法な劣悪労働へと生活困窮者を駆り立てているので、是正していくことが重要である[61]。貧困を克服していく為の手段としての新しい社会保障基本法[62]（人権・権利保障の基本法）の制定と目的としての子どもの人間らしい健康で文化的な潜在能力の維持・再生産・発達・発揮の成就を図っていく事が重要である。何故ならば、新しい社会保障基本法と潜在能力には、手段としての価値と目的としての価値がある。新しい社会保障基本法、「自由及び権利の保持責任」（憲法第12条）、「個人の尊重と幸福追求の国民の権利」（憲法第13条）、「法の下の平等」（憲

法第 14 条)、「国民の生存権」(憲法第 25 条)、「教育を受ける権利」(憲法第 26 条)、「勤労の権利」(憲法第 27 条) 等のように、「一つの権利の実現と他の権利の実現には相互作用関係がある。また、それぞれの人権は相互に補完し合い、補強し合うことができる。そして人権が法律によって保障されれば、貧しい人々はその権利を守るために法的手段に訴えることができる[63]。」

第 8 点は、親（労働者）の所得等の生活手段の不足・欠如の問題から関係派生的に生成してきた子どもの潜在能力の維持・再生産・発達・発揮の阻害（子どもの潜在能力の不足・欠如〔貧困問題の機能的把握〕）によって、子どもの生存権的平等及び幸福追求の自由を阻害された状態にあるならば、生活手段（所得等）の保障と同時に、「知識を得るといった能力を育成する人間開発にも本質的な価値がある。しかし知識には、健康に生きるといった他の能力を育てる手段としての価値もある。こうして、この二つの能力は、お互いに補強し合い、人間を貧困から脱却させることになる[64]。」それゆえ、マーサ C. ヌスバウム氏が指摘されているケイパビリティ（潜在能力）「①**生命**（正常な長さの人生を最後まで全うできること。人生が生きるに値しなくなる前に早死にしないこと）、②**身体的健康**（健康であること〔リプロダクティブ・ヘルスを含む〕。適切な栄養を摂取できていること。適切な住居にすめること）、③**身体的保全**（自由に移動できること。主権者として扱われる身体的境界を持つこと。つまり…、子どもに対する性的虐待、家庭内暴力を含む暴力の恐れがないこと。）、④**感覚・想像力・思考**（これらの感覚を使えること。想像し、考え、そして判断が下せること。読み書きや基礎的な数学的訓練を含む〔もちろん、これだけに限定されるわけではないが〕適切な教育によって養われた〝真に人間的な〟方法でこれらのことができること。自己の選択や宗教・文学・音楽などの自己表現の作品や活動を行うに際して想像力と思考力を働かせること。芸術の分野での表現の自由と信仰の自由の保障により護られた形で想像力を用いることができること。自

分自身のやり方で人生の究極の意味を追求できること。楽しい経験をし、不必要な痛みを避けられること）、⑤**感情**（自分自身の周りの物や人に対して愛情を持てること。私たちを愛し世話してくれる人々を愛せること。そのような人がいなくなることを嘆くことができること。一般に、愛せること、嘆けること、切望や感謝や正当な怒りを経験できること。極度の恐怖や不安によって、あるいは虐待や無視がトラウマとなって人の感情的発達が妨げられることがないこと〔このケイパビリティを擁護することは、その発達にとって決定的に重要である人と人との様々な交わりを擁護することを意味している〕）、⑥**実践理性**（良き生活の構想を形作り、人生計画について批判的に熟考することができること〔これは、良心の自由に対する擁護を伴う〕）、⑦**連帯**（A　他の人々と一緒に、そしてそれらの人々のために生きることができること。他の人々を受け入れ、関心を示すことができること。様々な形の社会的な交わりに参加できること。他の人の立場を想像でき、その立場に同情できること。正義と友情の双方に対するケイパビリティを持てること〔このケイパビリティを擁護することは、様々な形の協力関係を形成し育てていく制度を擁護すること〕　B　自尊心を持ち屈辱を受けることのない社会的基盤をもつこと。他の人々と等しい価値を持つ尊厳のある存在として扱われること。このことは、人種、性別、性的傾向、宗教、カースト、民族、あるいは出身国に基づく差別から護られることを最低限含意する。）、⑧**自然との共生**（動物、植物、自然界に関心を持ち、それらと拘わって生きること）、⑨**遊び**（笑い、遊び、レクリエーション活動を楽しむこと）。[65]」を市町村の教育委員会（公民館）や市町村社会福祉協議会等による人間開発（発達）を図っていく事は重要である[66]。

　第9点は、第1点のアソシエーション社会の形成の社会運動と資本主義社会の生産様式（土台）を反映した新自由主義政治思想（上部構造）に対して批判し、親及び子どもの社会保障再編構想を提示していく社会運動を推進していく事である。新自由主義政治思想は、もともと中間搾

取が行えないように労働基準法第6条や職業安定法第44条で禁止していた派遣労働を規制緩和（労働者派遣事業の制定）の推進と社会保障・福祉制度の拡充（所得の公的な再分配制度によって政府が大きくなること）への反対を推進していくものである。そして、「それを当たり前とみなす価値意識（コモンセンス）が人々のなかに形成され、人々の行動の前提となり、日常を支配する統治原理として機能すること[67]」になる。そして、「財政赤字や財政破綻の危機があおられ、緊縮財政で再建するしかないといったキャンペーンのもと、国家福祉はいつのまにかニーズではなく財政均衡の視点から語られるようになる。国民は、これまで享受してきた福祉水準を維持することは難しいとあきらめ、国家福祉の引き下げを受け入れる。『この道しかない』と思わせるこのような意識をあらゆる層に浸透させることこそが新自由主義的統治であり、国家福祉として提供されてきた財やサービスは市場化され、各人がそれぞれに購入する商品となる[68]。」こうした新自由主義政治思想に対して、社会保障利用者・労働組合・政党等を中心とした社会福祉財政の削減・抑制と社会保障法制度の改悪に反対する民主統一戦線の結成が必要である。社会保障の発展を図り社会保障を利用する親（労働者）及び子どもにとっての社会保障の使用価値を高めていく為には、富沢賢治氏が指摘されているように、「国家独占資本主義の手に委ねて貧困問題の拡大を許すか、あるいは民主義的な手続きにもとづいて[69]」社会保障における矛盾を正し、社会保障利用者の人間的欲求に見合った社会保障の発展を図っていく必要がある。民主的な統一戦線を結成する為には、社会保障利用者・社会保障労働者を中心とする「労働者階級が中心的な社会的勢力として主導的な役割を果たし[70]」、労働者階級の階級的民主統一戦線が不可欠の条件となる[71]。」が、「第一に、要求にもとづく統一行動の発展が必要である。統一行動発展の基本原則は、①一致点での統一、②自主性の統一、③対等・平等と民主的運営、④統一を妨げる傾向にたいする適切な批判、⑤分裂・挑発分子を参加させないことである。第二に、統一行

動の繰り返しだけではなく、政策協定と組織協定にもとづいた全国的規模の統一戦線を結成することが必要である[72]。」

　それ故、生活の場である地域（市町村）から、親（労働者）及び子どもの社会保障の必要性や社会保障現場の実情を踏まえた議論を積み重ねて、どのような社会保障が親（労働者）及び子どもにとって望ましいのかについての合意を形成する事が求められている。合意形成においては、社会福祉協議会が「地域の社会福祉問題を解決し、住民生活の向上を目的にした地域住民と公私の社会福祉機関・団体より構成された民間組織[73]」であり、しかも社会福祉協議会基本要綱においても「社会福祉協議会を『一定の地域社会において、住民が主体となり、社会福祉、保健衛生その他住民生活の改善向上に関連のある公私関係者の参加、協力を得て、地域の実情に応じ、住民の福祉を増進することを目的とする民間の自主的な組織である』[74]」とするならば、市町村の社会福祉協議会の役割が重要になってくる。また、さらに重要なのは、それぞれの市町村において、児童福祉や教育等の当事者運動等が相互に社会保障労働者の労働組合等と連携を模索しながら、子どもの貧困問題に対する実践課題を多くの地域住民に知らせ、その子どもの貧困問題をそれぞれの市町村における政治的争点にしていく運動の広がり、また運動の側から、親及び子どもの為の社会保障再編の構想を提示していく活動・運動が、社会保障の普遍化や社会保障利用者本位等の社会保障の形成に連結していくものであり、いま早急に活動・運動側からの親及び子どもの為の社会保障再編構想の提示が求められていると考えられる。

【注】

1) 藤原千沙「新自由主義への抵抗軸としての反貧困とフェミズム」（松本伊知朗編『「子どもの貧困」を問いなおす』法律文化社、2017年、35頁）。
2) 藤原、前掲書、38頁。
3) 宮本みち子「生活とは何か」（松村祥子・その他著『現代生活論』有斐閣、1988年、24-25頁）。

4) 社会福祉の動向編集委員会編『社会福祉の動向』中央法規出版社、2017年、「生活とは何か」（松村祥子・その他著『現代生活論』有斐閣、1988年、144-145頁）。
5) 岩田正美著『現代の貧困』筑摩書房、2007年、28-29頁。
6) 岩田正美「貧困・ホームレスと地域社会」日本地域福祉学会編『地域福祉事典』中央法規、64頁。また、前掲書においても貧困問題の構造的把握と機能的把握の統一的把握が行われていない。
7) 貧困問題の構造的把握とは、貧困問題を現代資本主義社会の構造及び法則との関連で把握していく事である。
8) 貧困問題の機能的把握とは、貧困問題を生活主体者の潜在能力によって所得（貨幣）等の生活手段を活用して享受できる日常の生活活動（機能）やあり方に焦点を当てて把握していく事である。つまり、社会保障（生活手段）を活用して、生活主体者の潜在能力によって生活活動（機能）の基盤である人間らしい健康で文化的な潜在能力の維持・再生産・発達・発揮の成就を図っていく事である。
9) 宮川実著『マルクス経済学辞典』青木書店、1977年、128-129頁。最近の例としては、例えば、「みずほFGは、ロボットや人口知能で代用し、デジタル化を進めて収益力の強化を図る。そして、今後10年程度で国内外1万9,000人の人員削減を検討している」例を挙げる事が出来る（読売新聞、2017年10月29日【日曜日】）。
10) Karl、Marx（大内兵平衛・細川嘉六監訳）『資本論』第1巻第2分冊、大月書店、1968年、820-821頁。
11) Marx、前掲書、815頁。
12) Marx、前掲書、838-839頁。
13) 資本家階級と労働者階級の間の格差は、彼らそれぞれが帰属する集団間の階級的格差である。二宮厚美（2003）『格差社会の克服』山吹書店、29頁。
14) 例えば、労働者内部の階層的格差は、同じ階級に帰属する者の位置関係の違いである。二宮、前掲書、29頁。
15) 二宮、前掲書、29頁。
16) 福田泰雄（2002）『現代日本の分配構造』青木書店、20頁。
17) 福田、前掲書、20頁。
18) 福島みずほ（2007）『格差社会を変える』明石書店、28頁。
19) 伍賀一道「非正規雇用の増大とワーキングプア」（基礎経済科学研究所編『時代はまるで資本論』昭和堂、2008年、200頁）。
20) 総務省「就業構造基本調査」（2007年）
21) 不破哲三著『科学的社会主義の理論の発展』学習の友社。2015年、34頁。
22) 不破、前掲書、35頁。
23) 社会科学辞典編集委員会編『社会科学辞典』新日本出版社、1972年、49-50頁。
24) Karl、Marx（社会科学研究所監修資本論翻訳委員会訳）『資本論』第1巻第2分冊、新

日本出版社、1982年、292頁。
25) Marx、前掲書、293頁。
26) Marx、前掲書、294頁。
27) 社会科学辞典編集委員会編、前掲書、191頁。
28) 勿論、女性が自分の能力を活かしたい為に働いている点を全く否定するものではない。しかし、殆どの女性が家計の補充の為に働いていると思われる。
29) 阿部彩『子どもの貧困Ⅰ』岩波書店、2008年、114-115頁。
30) Amartya、Sen（1985）Commodities and Capabilities.、Elsevier Science Publishers B.V.（=1988、鈴村興太郎訳『福祉の経済学』岩波書店、18頁）。
31) 野上裕生（2004）「アマルティア・センへの招待」絵所秀樹紀・山崎幸治編『アマルティア・センの世界』晃洋書房、2頁。
32) 野上、前掲書、2頁。
33) 二宮、前掲書、76-77頁。
34) Sen、前掲書、21-22頁。
35) 不破哲三（2009）『マルクスは生きている』平凡社、155-156頁。
36) 生産手段の社会化は、「労働者の側が企業を管理し運営していく事であるといえる。最終的に何らかの形態で生産手段を『自分のもの』にする事が管理・運営権を真に保障するものであるが、この権利を獲得する事が生産手段の社会化のもっとも重要な部分である。」（聽濤弘著『マルクス主義と福祉国家』大月書店、2012年、150頁）。
37) 聽濤、前掲書、198-199頁。
38) 聽濤、前掲書、149頁。
39) マルクス／エンゲルス（後藤洋訳）『ゴータ綱領批判／エルフルト綱領批判』新日本出版社、2000年、26頁。
40) 福田、前掲書、20頁。
41) 福田、前掲書、200頁。
42) 福島、前掲書、23頁。
43) 福島、前掲書、23頁。
44) 伍賀、前掲書、202-203頁。
45) 伍賀、前掲書、203頁。
46) 伍賀、前掲書、203頁。
47) 伍賀、前掲書、204頁。
48) 湯浅誠（2009）「反・貧困と市民社会」雨宮処凜・中島岳志・宮本太郎・ほか『脱「貧困」への政治』岩波書店、9頁。
49) 福島、前掲書、39-52頁。
50) 公的支援による能力開発とキャリアラダーの仕組みとは、……非正規労働者に対し、現

在日本で不足している専門的な資格取得の為の支援をし、正規労働者の仕事を獲得できるようにする仕組みである。例えば、介護職、福祉職等の専門職であるが、これらの専門職の劣悪な労働条件（賃金等）の実態からすれば、克服（変革）策にならないと否定されるかもしれないが、介護職、福祉職等の労働条件を改善していく事が前提である。駒村康平（2009）『大貧困社会』角川ＳＳコミュニケーションズ、172-175頁。

51) 芝田英昭（2004）「社会保障の一元化と将来像」芝田英昭編『社会保障の基本原理と将来像』法律文化社、178-179頁、184-186頁。
52) 聽濤、前掲書、162-163頁。
53) 聽濤、前掲書、163頁。
54) 阿部、前掲書、235-236頁。
55) 阿部、前掲書、158頁。
56) 蓑輪明子「新自由主義下における日本型生活構造と家族依存の変容」（松本伊知朗編『「子どもの貧困」を問いなおす』法律文化社、2017年、107頁）。それ故、「一つは、社会保障の整備で、『すべての労働者に雇用保険』ということです。今は週20時間以上で31日以上勤務する事が予定されている場合にしか雇用保険の被保険者にならない」（和田肇「セーフティネットと雇用保障」大阪弁護士会編『貧困を生まないセーフティネット』明石書店、2010年、126頁）ので、その点を是正していく事が必要である。そして、「日本では、雇用保険の支給期間は45歳以上で20年以上勤務した方が最長330日です。ドイツは3年、デンマークは4年です。」（和田、前掲書、127頁）このように「日本みたいに半年ぐらいしか支給されなくて、職業訓練も受けられないシステムだったら、産業構造の変化に対応していけません。」（和田、前掲書、127頁）しかも「デンマークは……職業訓練や雇用保険がしっかりしていて、そこを経由すれば又違うところに就職できるという保証が」（和田、前掲書、128頁）ある。
57) 蓑輪、前掲書、107頁。
58) 蓑輪、前掲書、107頁。
59) 蓑輪、前掲書、108頁。
60) 今野晴貴箸『生活保護』筑摩書房、2013年、147-149頁。
61) 今野、前掲書、164頁。
62) 福祉国家と基本法研究会（2011）『新たな福祉国家を展望する』旬報社、12-233頁。そして社会保障基本法の意義は、次のような点にある。つまり、「第一は、基本法で憲法二十五条が謳う『健康で文化的な最低限度の生活』保障の輪郭、その保障に必要な原則の全体像を明らかにする事である。……。第二の意義は、基本法であるべき社会保障の原則を明らかにするだけでなく、それに反する現実の制度や原則を批判・点検し、その改廃を求める武器にするという意義である。……。第三に、基本法は、現在多数行われている社会保障関係の裁判にたいして、司法審査の基準を示し、裁判の見地からも社会

保障の蹂躙に歯止めをかけ、社会保障の前進を促そうという狙いをもっている。……。基本法をつくる第四の意義は、社会保障のそれぞれの制度や運営のあり方について、市民、とくに当事者がもつ手続き的な権利を積極的に提示する事によって、私たちが必要なとき、ただちに社会保障を利用でき、人間の尊厳にふさわしい生活を実現できるような手だてを保障することである。……。」（基本法研究会、前掲書、45-48）次に社会保障の権利生と社会保障に貫かれるべき原則を見ると、「基本法六条一項では、社会保障を受給する権利を有するものは国籍を問わず、日本国に居住するすべてのものに及ぶと明記」（基本法研究会、前掲書、209頁）され、また、「基本法六条二項は、社会保障を受給する原則として無差別平等原則を規定」（基本法研究会、前掲書、211頁）され、社会保障の権利をもつものの範囲・無差別平等原則が規定されている。「基本法十一条一項は、すべての人が、社会保障給付請求権をもつ事を明記」（基本法研究会、前掲書、211頁）されており、「二項の『給付を受けるにあたって個人として尊重され』『その各人に応じた多様な必要を充足する水準』を求める権利がある」（基本法研究会、前掲書、211頁）ことが規定され、社会保障給付の請求権、個人として尊重される原則が規定されている。「基本法八条一項は、社会保障の給付はそれを必要とするすべての人に与えられなければならないという、広い意味での普遍主義原則」（基本法研究会、前掲書、212頁）が規定されている。「基本法九条は、社会保障給付は、金銭であれ現物であれ必要を満たすに十分なだけ与えられねばならないとう必要充足を謳っている。」（基本法研究会、前掲書、212頁）「基本法十条は、保育、医療、高齢者介護、障害のある人への福祉、初等・中等教育、職業訓練など人間の尊厳にふさわしい生活を営むのに不可欠な基礎的社会サービスの現物給付原則（現物給付原則とは、保育、医療、介護あるいは教育などの社会サービスそのものを、国や地方自治体の公的責任で、提供・給付するべきであるという原則である）を謳っている。」（基本法研究会、前掲書、213頁）「基本法十一条は、ナショナルミニマム（ナショナルミニマムとは、所得、基礎的社会サービス、生活基盤、居住環境など人間の生活の領域毎に国が定めた、憲法が保障する人間の尊厳にふさわしい生活を営むための最低水準をさす）保障の原則」（基本法研究会、前掲書、215頁）が規定されている。また、「二項は、ナショナルミニマム保障を行う、国の責務」（基本法研究会、前掲書、215頁）が規定されている。「基本法十二条は、国と地方自治体の社会保障施策に対する義務」（基本法研究会、前掲書、216頁）が規定されている。「基本法十四条は、十二条の国および地方自治体の責務に対応した、企業の義務」（基本法研究会、前掲書、218-219頁）が規定されている。基本法十五条、十六条、十七条は、税と社会保険料の応能負担原則、費用負担の減免を求める権利、基礎的社会サービスの利用料無料について規定されている（基本法研究会、前掲書、219-220頁）。基本法十八条では、「いま、横行している社会保険の保険主義的運用（『負担なければ給付なし』『負担と給付の連関』という名目で保険料等の未納に対し、給付抑制で対処するという運用）に対する歯止め」（基本法研究会、前掲書、221頁）として、

社会保険の社会保障制度的運用義務が規定されている。基本法二十一条、二十二条では、手続き的権利の強化として、国・地方自治体の教示義務・説明義務とすべての人が説明を求める権利が規定されている（基本法研究会、前掲書、223-224頁）。「基本法二十四条は、社会保障にかんするあらゆる苦情、不満を迅速に処理する独立行政委員会として、『社会保障委員会』を設けること」（基本法研究会、前掲書、225頁）が規定されている。こうした社会保障基本法の制定が、貧困問題を克服（変革）していく上での法的武器となると思われる。そして、基本法研究会が指摘されているように、「基本法は、歴史的に発展し豊かにされてきた憲法二十五条の権利の内容と輪郭、それがもつ社会保障の原則につき現時点で到達可能な最高水準を明らかにする事を目指している。この作業を通じて、私たちは、人間の尊厳にふさわしい生活の到達目標を確認・共有し、その享受と実現をめざす営みのなかで、私たちの生活をより人間の尊厳にふさわしいものに近づけて行く事が出来るのである。」（基本法研究会、前掲書、199頁）

63) UNDP（2000）Human Development Report、Oxford University Press（＝2000、横田洋三・吾郷眞一・北谷勝秀監修『人間開発報告書2000—人権と人間開発』国際協力出版、93-113頁）。

64) UNDP（2000）Human Development Report、前掲書、93-113頁。

65) Martha C. Nussbaum（池本幸生・その他訳）『女性と人間開発—潜在能力アプローチ—』岩波書店、2005年、92-95頁。

66) 例えば、福祉教育が「日常的な生活課題や福祉課題などについて、個人レベル、家族レベル、地域レベルでの生活・福祉課題の解決力を醸成していく為の主体的な学習活動である」（日本地域福祉学会編『地域福祉事典』中央法規出版、1997年、217頁）とするならば、福祉教育は貧困の子どもの潜在能力の発揮力（顕在化力）の養成と向上の実践として重要な福祉臨床的実践になりうるし、その例として、次のような障害のある人の福祉施設（社会福祉法人大木会「あざみ寮」）での福祉労働が挙げられる。「単に『生きているだけ』ではなく『人間らしく生きる』ことが求められているのは言うまでもありません。人間らしく生きるために、憲法では多くの権利を保障しています。この人間らしく生きる権利の一つに『学ぶ』権利があります。どんなに障害が重くても学ぶ権利があるのです、……学ぶことは、人間らしく生きること、さらにより豊かに生きることを、障害の重い人たちの分野でも証明しているのです。」（橋本佳博・玉村公二彦『障害をもつ人たちの憲法学習』かもがわ出版、1997年、42頁）この福祉施設での福祉労働に見られるように、人間の潜在能力の顕在化力の向上は、子どもが人間らしくいきることを成就する事になる。また、これはまさに、子ども自身が自らの「自由及び権利を普段の努力によって、これを保持しなければならない」（憲法第12条）ことと、「生命、自由及び幸福追求に対する国民の権利」（憲法第13条）を能動的に実践していくことに連関しているのである。したがって、従来、ややもすると貧困問題と言えば、所得等の生活手段の不足・欠如の側面のみあるいは重点をおいて認識されてきたが、今後の社会

保障においては、所得等の生活手段の平等保障（社会保障の政策的労働）と同時に、所得等の生活手段を人間らしい健康で文化的な生活に転換させていく子どもの潜在能力の発揮力（顕在化力）の不足・欠如を補填及び向上の福祉教育等の具体的保障（福祉臨床的労働）の統一的社会保障労働を発展させていくことが重要であると思われる。

67）藤原、前掲書、42頁。
68）藤原、前掲書、42-43頁。
69）富沢賢治「社会変革論」（富沢賢治編『労働と生活』世界書院、1987年、86頁）
70）富沢、前掲書、89頁。
71）富沢、前掲書、89頁。
72）富沢、前掲書、83頁。
73）社会福祉辞典編集委員会編『社会福祉辞典』大月書店、2002年、237頁。
74）社会福祉辞典編集委員会編、前掲辞典、237-238頁。

●著者紹介

竹原　健二（たけはら　けんじ）

社会福祉研究者　1950年鹿児島県生まれ
著書
『障害者福祉の基礎知識』（筒井書房、単著）、『障害者の労働保障論』（擺歌書房、単著）『障害者福祉の理論的展開』（小林出版、単著）、『社会福祉の基本問題』（相川書房、単著）、『現代福祉学の展開』（草文社、単著）、『障害者問題と社会保障論』（法律文化社、単著）、『社会福祉の基本問題』（相川書房、単著）、『障害のある人の社会福祉学』（学文社、単著）、『保育原理』（法律文化社、編著）『福祉実践の理論』（小林出版、編著）、『現代の社会福祉学』（小林出版、編著）、『現代地域福祉学』（学文社、編著）、『現代の障害者福祉学』（小林出版、編著）、『現代の社会福祉学』（小林出版、編著）、『現代障害者福祉学Ｊ』（学文社、編著）、『介護と福祉システムの転換』（未来社、共著）、『現代社会福祉学』（学文社、編著）『障害のある人の社会福祉学原論』（メディア・ケアプラス、単著）、『社会福祉学の探求』（小林出版、単著）、『社会福祉学の科学方法論』（本の泉社、単著）

にんげんかいはつ
人間開発シリーズⅡ

子どもの開発と子どもの貧困
かい はつ　　　こ　　　ひんこん

2018年7月8日　初版 第1刷 発行

著　者　竹原　健二
発行者　新舩　海三郎
発行所　株式会社 本の泉社
〒113-0033　東京都文京区本郷2-25-6
TEL：03-5800-8494　FAX：03-5800-5353
http://www.honnoizumi.co.jp
印刷　日本ハイコム株式会社　／　製本　株式会社村上製本所

ⓒ 2018, Kenji TAKEHARA　Printed in Japan
ISBN 978-4-7807-1699-3　C0036
※落丁本・乱丁本は小社でお取り替えいたします。定価はカバーに表示してあります。
　本書を無断で複写複製することはご遠慮ください。